新しい顧客のつくりかた

見えない消費者をあなたのお客さまに変える戦略

The Design Strategy of Making the Invisible Customer Visible

山脇秀樹
Yamawaki Hideki

東洋経済新報社

はじめに

この本は、新しい顧客をつくること、見つけることに関心がある方たちを、その読者と想定しています。

ただ、「新しい顧客」をつくるといっても、セールスやマーケティングの世界でよくいわれる「新規顧客獲得」を意味するものではありません。日本、そして世界の市場で、これまで思いもよらなかった顧客に出会うことに考えを巡らしている方、これから新しいアイデアで起業しようと企てている方、あるいは、現在の状況を打破して新しい事業をつくりたい、新しい市場をつくりたいと考えている方たちが読者となります。

その一方で、この本は顧客をつくる方法、あるいは、市場を創造する方法を学ぶための「教科書」ではありませんし、そのための新しい理論を紹介する「学術書」でもありません。

むしろ、新しいお客さまはこういうところにいるかもしれませんよ、こういう風に視点を変えたらどうでしょうか、と読者であるあなたの目を思わぬ方角に振り向けるためのガイドブックのような気持ちで読んでいただければと考えています。

ですから、この本は企業の視点から役立つ事例を探す本ではなく、将来の顧客になりうる人々の生活、行動、考え、気持ち、そして彼らの日々の生活の中から浮き上がる「したいこと・欲求・希望」を新しい軸として市場を考えていく本です。つまり、この本は「人」にその焦点を合わせています。

筆者は1990年から30年にわたり、ヨーロッパとアメリカで国際ビジネス（International Business）の講義を担当してきました。〝国際ビジネス〟という言葉そのものが、今となっては古臭く聞こえますが、自国市場から海外市場へ参入するための国際戦略、多様な国々で事業展開するための多国籍戦略、グローバルな観点から効率性を高める戦略、そして、国境を越えた事業のマネジメントに関するさまざまな理論と概念を紹介し、それらを実践に応用するのが主要な課題です。

もちろん、理論と概念を知ることは重要なのですが、もし「自国で、そして世界の市場で新しい顧客をつくるために重要なことはなんですか」と尋ねられたら、筆者はなんと答えるでしょう。

30年前の筆者でしたら、当時の新しい理論と概念をその答えにしたでしょう。その後、ヨーロッパからアメリカに移り、時を経た今の答えは「人を知り、理解すること」です。市場で成功するための新しい事例とやり方、戦略を知ることは必要ですが、結局のところ、新しい顧客の発掘、市場の創造、そしてマネジメントがうまくいくか／いかないかは、その市場の消費者・顧客・ユーザー、つまり「人」を深く知っているのか、理解しているのか、に凝縮されると思います。

そこで、「人」の視点から、市場創造を考えるとどうなるのかを焦点として、この本を書くことにした次第です。

筆者自身の昔話、多様な人たちの話、海外を訪れた日本の人たちの話を軸として、いくつかの洞察を導き、それを概念に結びつける作業をしたのが、この本の内容です。

ですから、現在、世界で実際に活躍されている方、新しい市場を開拓した経験のある方にとっては、「当たり前」のことばかりでしょう。

一方、昭和の時代に海外進出の先鋒《せんぽう》を担われた方にとっては、昔の話が所どころ出てきて、懐かしい話と思われるかもしれません。いずれにせよ、企業からの視点ではなくて、人間中心の視点で、日本と世界で市場創造を考えるのが、この本の姿勢です。

背景　時代の変遷「世界における日本の存在感」

欧米の先進国に学び、追いつき、追い越し、海外進出を達成し、世界の経済大国になるという「夢」と「目的」を企業・産業・政府が一丸となって達成した時代には、日本のシステムはJapan, Inc.（日本株式会社）というニックネームをもらい、世界で広く紹介されました。[†1]

日本の競争力とその脅威を紹介する*Japan as Number One*（ジャパン・アズ・ナンバーワン）という本がアメリカで1979年に出版され、[†2] さらにはスイスのビジネススクールIMDが1989年以来編纂《へんさん》するグローバル競争力ランキング（Global Competitiveness Ranking）では、日本は1989年から1992年の4年間連続首位を保持していたのは、今は昔です。

インターネットの普及が急激に進み、1990年代のドットコム（dot-com）時代が到来するころには、「デジタル経済」「インフォメーション経済」が従来の「古い経済」と対比して脚光を浴びるようになりました。そして、日本企業の海外での活躍ぶりが2000

†1｜たとえば、Peter F. Drucker, "Behind Japan's Success," *Harvard Business Review*, January 1981.

†2｜Ezra F. Vogel, *Japan as Number One: Lessons for America,* Cambridge, MA: Harvard University Press, 1979.

年ごろから低迷するにつれて、ビジネスを学ぶ海外の学生の間で日本の認知度・人気も下がり、学生が訪れたい国のリストから日本は外れてしまいました。その代わりに訪問先として人気が出たのは、ご存じの通り、中国でした。

そして、この10年ぐらいの間に急速に使用者が増加したソーシャルネットワークサービス（SNS）の台頭と呼応するように、2013年前後から日本のサブカルチャーに対する注目度が海外の若者の間で高まりました。日本のアニメーション（以下、アニメとします）、マンガ、ファッション、音楽、食べ物と飲み物、そして日本に住んでいる人でも知らないような面白い場所の情報が、ソーシャルネットワークを通じて素早く世界的に流れたのはご存じの通りです。

この第2波ともいえる日本への関心は、1980年代から1990年代の第1波のときのような日本の企業・製造業・経済ではなく、欧米あるいはアジアの他国では見られない日本の文化とそのサブカルチャーに向けられているといっても過言ではないでしょう。最近では英訳しないでも意味が通じるオタク（otaku）がグローバルになり、瞬時に「つながる」時代の到来です。

2020年1月末以降は新型コロナウィルス（COVID－19）の世界的流行により、日本を訪れるインバウンド観光客は激減しましたが、それ以前の5年から7年間ぐらいは、日本にとっては未曾有の訪日外国人旅行者数を更新しました。日本を訪れる観光客が増えるのは、大変に嬉しいことですし、それが経済に及ぼす影響を考えると、ありがたい話ではあります。

海外からの観光客は、自国にはないものを買うために、あるいは自国ではできないことを体験するために、日本を訪れます。コロナ危機以前には外国の人に日本を訪れてもらい、外国からのインバウンド観光客数を年々増やしていき、「観光立国」にするための方策を、日本の企業は種々の分野で実施してきました。この国をあげてのインバウンド誘致は、まさにJapan Landという名のテーマパーク作戦ともいえるべきものでしょう。筆者の知人でコロナ前に日本を訪れた人たちの感想は、例外なく「楽しかったー。美味しかったー。また行きたーい」で、まさにリピーターになってしまいそうなのです。

さて、最近のデジタル経済では、パソコンやスマホで世界中の人がつながり、そのためのソフトウェアとアプリが世界各国でダウンロードされ、人気の沸騰したソフトウェアとアプリが勝者独り占め（winner-take-all）となるパターンが多く見られています。特に、アメリカ発、そして最近ではこれに中国発のアプリが加わって、ひと握りの勝ち組アプリとそれらを所有する親会社が世界の市場を占拠する状況はご存じの通りです。

日本発のソフトウェアとアプリはどうなのでしょうか。世界的に見ると、日本のアプリは収益が低いどころか高収益のものも最近は増えてきているようですが、一部を除いて、世界中で広く使われているとはいい難いのが、海外から見た日本の現状のようです。†3

課題 「日本製＝高品質」に見劣りしない「意味」と「世界観」

筆者がアメリカの大学で大学院生だった40年前によく聞いた、賞嘆《しょうたん》とも嫌味ともいえる言葉があります。「今でこそ、メイド・イン・ジャパン（Made in Japan）は高品質を意味するけれど、ちょっと前までは、質が低くて安い粗悪品を意味するあだ名だったのを知っているかい」という、戦後は遠くなかったというか、きつい皮肉というか、そういわれてみれば本当ですね、ごもっとも、とでもいえる言葉です。

今でいうと、10年前の2000年代後半ぐらいまでのメイド・イン・チャイナ（Made in China）がアメリカの消費者にとっては、質が低く安いだけの粗悪品を意味するあだ名だったのと同じでしょう。40年前の当時は、海外市場における「Made in Japan」の神話がブランドとなりつつあり、またそれが欧米にとっては脅威であった時代でした。さて、

†3｜たとえば、Caribou Digital, *Winners & Losers in the Global App Economy*, Farnham, Surrey, United Kingdom: Caribou Digital Publishing, 2016.

この状況を現在に置き換えるとどうなるでしょうか。

純粋な「Made in Japan」の製品は当時より少なくなりましたが、「日本発」あるいはアップルのうたい文句である「Designed in California」をもじって「Designed in Japan」としても、高品質という客観的な機能性を表すキャチフレーズはいまだに当てはまると思います。

もちろんこれは企業の絶え間ない努力の成果であり、非常に素晴らしく誇るべきことなのですが、筆者の住む海外の消費者・顧客の視点からすると、**日本の企業はそこからもう一段階進化できる余地を残しているようにも見受けられます。**

日本の文化とそのサブカルチャーが、アメリカの、イギリスの、フランスの、東欧の、台湾の、そして中国の若者に受け入れられていることはすでに述べました。その理由は、彼らの本国の文化にはない独自の「意味」と「世界観」をもつ「物」と「事」が日本にはたくさんあるからです。

言い換えると、日本には、**世界の若者を感動させ、ユーザーを驚嘆させる独自のものを創造する潜在的な能力がある**のです。それが、日本の製品・サービスになんらかの形で表れたときには、日本発の製品・サービスは、高品質とは違った次元の位置を世界の市場で確立できるのではないかと筆者は考えます。「お家の事情」に適合するための「国内向け」

のほかに、海外の消費者・顧客・ユーザーの行動・思考を深く理解した上で、「お家の事情」を海外の人たちの欲求・希望に応えるための優位性に転換し、「世界向け」の製品・サービスを創造することはできないのでしょうか。もちろんすでに、新しい意味と新しい世界観をもつ企業あるいは製品・サービスが、時として、日本から現れていますが、それが高品質と同じレベルに位置する、日本の製品一般に使われる枕詞《まくらことば》にはいまだなっていないと思います。

新しい意味と新しい世界観が、高品質と同様に日本の製品を表す枕詞、言い換えるとキャッチフレーズになることを願い、本書はその方策を微力ながら模索します。

目的　「人」を知り、理解し、新しい市場と顧客を発見する

新しい市場に挑戦する、その目的の達成には何が必要なのかを、もう一度原点に戻って考え直し、人間中心の視点から物事を考えることの重要性を提示するのが、この本の目的です。

筆者は2020年の4月末に『戦略の創造学――ドラッカーで気づき デザイン思考で

創造し ポーターで戦略を実行する』（東洋経済新報社）という本を上梓いたしました。

読者の方の中には、その本を手に取られた方もおられるのではないかと思います。その本では、題名の通り、「すでに起こった未来」に気づき、デザイン思考で新しい「独自の世界観と意味」を創り、それを新しい戦略の軸とするモデルを提言しました。

もう少しくわしく、述べると、

- ドラッカーが指摘した「すでに起こった未来」に気づく
- デザイン思考で新しい「独自の世界観と意味」を創る
- 経済学を礎《いしずえ》にする戦略論（マイケル・ポーターの競争戦略論、チャン・キムらのブルー・オーシャン戦略）を実行する

ということです。この3つの要素を下敷きにしながら、新しい戦略モデルを提言しました。

中でも、デザイン思考は、人間中心の視点、そしてさまざまな角度から顧客の発言や行動から得られた気づきを統合し、彼らの抱える悩みや課題に対する解決案を出す、あるいは潜在的なニーズを理解することを目的としています。その具体的な方法としては、

- 顧客の現実の体験を記録し、顧客の視点から再現する
- 顧客の心理的特性を理解する
- 顧客の人間像をつくり、彼らの体験から共感する点を見つける

があげられます。本書ではこの手法を参考にしながら、海外、特にアメリカに住む「普通」の人たちを例として取り上げ、消費者・顧客の希望、欲求、課題を理解するための方法を考え、それをビジネスの理論に組み込むことを提案します。

日本、そして世界の顧客は、日本の製品・サービスのどのような属性を評価するのでしょう？　彼らの希望、欲求、課題はなんでしょう？　彼らには何をどのようにアピールすべきなのでしょう？　日本だけではなく世界において華々しい活躍をした「古い経済」の日本の企業から、新しい市場、国境を越えた市場を目指す次世代の企業は何を学べるのでしょうか。

そして、この本を通じて、筆者が強調したいのは、**日本、そして世界の顧客の希望と欲求を知るには、彼ら／彼女らを観察し、深く理解する必要がある**、という点です。もちろん、このような観点から、日本のみならず現地の消費者・顧客のニーズを深く理解し、成

功している日本企業はすでに存在します。

その一方、日本でうまくいったから、もちろん海外でもうまくいくだろうと頑なに信じる経営者もいますし、最新の世界標準の技術を組み込んだアプリをつくれば、たちまち世界中から利用者が殺到することを想定している若い起業家も多いかと思います。この本は、これらの問いを掘り下げて、企業が日本と世界の市場に進出する際の「チェックリスト」を示すことを、その目的としています。本書の流れと主要な論点は、以下のようになります。

- 消費者・顧客の欲求、希望を理解する（第1章、第3章から第5章）
- 観察し、体験し、洞察することの重要性を知る（第2章）
- ドイツと日本企業の戦略の違いを考える（第6章）
- 海外の人々の視点から日本の社会・文化・消費者・市場を知る（第7章）
- 日本、そして世界に進出するための競争優位性を探る（第8章）
- ビジネスの理論をつくる（第9章）
- 顧客の心をつかむための課題を考える（第10章）

第1章から第5章ではデザイン思考の方法を使ってはいるのですが、教科書通りにきっちりと適応しているわけではありません。むしろ、デザイン思考の精神をもとに、この本独自の方法を採用していると考えていただいたほうが良いかと思います。

第6章と第7章では、アメリカの消費者市場を例にとり、顧客の希望・欲求の視点から市場の理解を深めていきます。

第8章では、世界の市場を目指すときに、企業が考慮しなければいけない、いくつかの優位性と競争の条件について考えます。世界への進出にあまり関心のない読者の方は、この章を飛ばして第9章に進まれても、本の脈絡には影響はありません。

第9章では、ここまでの議論をもとに洞察を行ない、見解を導き、それを裏打ちする仮定を考えるビジネスの理論を組み立てます。

そして、第10章で、顧客の心をつかめない状況についての理解を深めて、この本を終えます。

この本では、多くの書物・論文からの引用があります。すべての引用は、原書からの引用をその基本としており、邦訳の出版物がある場合でも、この本での引用は、原書で使われている言語から引用しています。

新しい顧客のつくりかた

目次

はじめに　1

背景　時代の変遷「世界における日本の存在感」　4

課題　「日本製＝高品質」に見劣りしない「意味」と「世界観」　7

目的　「人」を知り、理解し、新しい市場と顧客を発見する　9

第1章

はじめの一歩　23

未知のことを体験して心に刻まれることは何か　25

カスタマージャーニー──「最高！」と「最悪！」を明らかに　28

マインド・マッピング──顧客を理解し、共感を深めていく　34

ペルソナ──行動のもとになる心理的特性に焦点を当てる　36

初期の課題すら変わっていくプロセス　38

「これ、やばい」が一番印象に残る　39

平均的な人？　特徴のある人？　43

第2章

観察し、体験しよう 47
デザインスクールとビジネススクールが噛み合わない理由 49
「えー、日本の電気製品売ってない」 52
スタッフ待機室の「整理整頓」 53

第3章

誰が顧客なのだろう? 57
なぜ、新しい市場に進出するのか 59
本国で売れているものは海外でも売れる? 61
アメリカの自動車市場を大きく変えたレクサスLS400 63
「アメ車」好きの心を揺さぶる「日本のビュイック」 69
退役軍人「ヴェテラン」の第二の人生 71
「移民第1世代」アメリカを支える人たち 79
移り変わるMBA 84

第4章 極端なカスタマー　91

大人がランドセルを使うのは合理的？　94
アメリカの信条「大きいものは良いものだ」　97
車庫が満杯になるほど「安ければたくさん買う」　100
タイガーママとフェンシング　102
新しい「ビバリーヒルズ」　107
グランツーリスモ世代のテニスコーチ　109
セーラームーンが好きなバイオリニスト　112
D2Cと家内制手工業　115
極端な行動を観察することの意味　119

第5章 平均的なカスタマー　125

ペルソナの特性を洞察しよう　127
「したいと思うこと」が購買を決める推進力　130

回りくどいけれど、意味がある 133
人口統計的特性が同じならば購買要因も同じ？ 135

第6章

アメリカの消費者が好きなドイツと日本の製品

アメリカの消費者が好きなドイツと日本の製品 139
ドイツ企業を通じて考える日本企業の強みと弱み 141
アメリカで有名なドイツのブランドは自動車だけ？ 142
欧米と比較して「何か違う」世界観 147
日本のブランドを知らない学生
「Hのエンブレムの自動車は日本の会社？」 153
現地化、カテゴリー優勝、世界観と意味、ライフスタイル 155
BMWと〝Yuppie〟 162
スバルと〝LOVE〟 168

第7章

世界は平ら？

世界は平ら？ 179
消費者の「地図」から欲求を理解する 182
「違い」に欲求が潜んでいる 185
客観的な違いよりも直感的な違い 188
「大きいものは良いものだ」再考 191
ソニー、トヨタ、イチロー——アメリカに受け入れられることの難しさ 194
高校のときからブランディングにいそしむ 197
バービー人形とアメリカンガール——多様性を巡って 200
昭和42年生まれ「香山リカ」の国際性 205
ショーガン？　英語になった日本語 207
カタカナ表記は多いが、外国のアイデアに開放的でない日本 211
アウトバーンとフリーウェーの違い 213
アンチアマゾン派が好むもの 218

第8章

世界に羽ばたくためには、競争の条件も忘れないで

世界に羽ばたくためには、競争の条件も忘れないで—223
企業が考慮しないとならないこと—225
そもそもなぜ、貿易をするのでしょう?—226
マイケル・ポーターの競争優位性で国際的な競争力を理解する—232
参入と競争圧力——レクサス参入とベンツ、BMWの変化—235
プロトタイプ、リーン・スタートアップと参入・退出—237

第9章

「ビジネスの理論」

「ビジネスの理論」—243
普遍的でない、ある企業の理論—245
ドラッカーの3つの仮定—246
ブルックスブラザーズの3つの仮定—248
見解は勘ではなく、仮定に基づく仮説—250
SK-Ⅱを推進したP&Gのラフリーの思考—253
メールオーダーからオンラインストアへ—259

第10章

顧客の心をつかむ

顧客の心をつかむ 265
高校生のお気に入りアプリ 267
アプリ成功の要因は技術？　経済条件？　競争条件？ 268
お家の事情が市場を限定する 270
ミルコルからピカブルへ 272
企業が行なう「国」のブランディング 275
Eataly――「イタリア」に徹するイタリア 277
「日本」をブランディングの一要素として考える 279
最後のワンマイル 281
おわりに 285

第1章

はじめの一歩

外国を理解するための最初の条件は、
その匂いを嗅ぐことである。

T. S. Eliot [†1]

未知のことを体験して心に刻まれることは何か

未知の場所に足を踏み入れることは、それが国内であれ、外国であれ、市場であれ、大きな体験です。

新事業、起業、海外進出などで未知の市場・顧客を開拓する経験は、学生の方はもちろん、社会人の方でも、なかなか体験することができないことで、一度でも経験できたならば、大変幸運なことだと思います。

旅行で未知の場所に行ったことは多くの方が経験していることでしょう。もちろん、この本の読者の中には、いまだ外国に行ったことのない方もいるかと思います。話に聞く、本で読んだ、映画で見た、テレビのニュースで見た外国のイメージはどのようでしょうか。大学の卒業旅行として、友人と外国にはじめて旅行した方もいると思います。はじめて訪れた外国で感じた「異国」はなんだったのでしょうか。また、仕事で海外出張の命を受け、はじめて海外の企業を訪問したときに、何を感じられましたか。長い間、海外に駐在され

†1 | T. S. Eliot, "In praise of Kipling's verse," *Harper's Magazine*, July 1942.

た方にとっての、はじめの一歩の思い出はなんでしょうか。

筆者が1977年に日本からアメリカにはじめて行ったときは、当時の羽田空港からDC－8でニューヨークのジョン・F・ケネディ（JFK）空港に飛びました。長い飛行の後、無事にJFKに到着し入国審査を通過することができたのも束の間、目的地のボストンまでの乗り継ぎ便が出るトランス・ワールド（TWA）航空のターミナルに行かなければなりません。

アメリカに生まれてはじめて降り立った筆者は、状況をよくのみ込めないままに、空港内のターミナルを巡回するバスにとりあえず乗り込みました。ターミナルに着くと、バスの運転手さんが大声で何やら英語を叫びます。日本では〝なんとかまあまあ〟のレベルと思っていた英語なのですが、この運転手さんの叫んでいる英語がまったくわかりません。

車窓から外を見ると、ターミナルには大きく、パンアメリカン、イースタンとか、そのターミナルから発着する航空会社の名前が読めるので、それを頼りになんとかTWAのターミナルにたどり着くことができました。バスから降りて周りを見回すと、なんのことはない、TWAのターミナルは先ほど日本から到着した国際線ターミナルの隣、歩いて簡単に行ける距離でした。その瞬間に筆者の頭をよぎったのは、「なんだ、日本で習った英語はダメだ、これはまずい」でした。こうした「はじめの一歩」の体験談、みなさん必ずおもちだと思います。

このような私事をはじめからもち出して恐縮なのですが、この1977年6月の旅は、東京の羽田空港から始まり、アメリカのマサチューセッツ州のケンブリッジで終わる旅程《りょてい》でした。この旅行自体の旅程（ジャーニー）は大まかにいって、次のようになります。

自宅から羽田空港―羽田でチェックイン―羽田で乗機《じょうき》―離陸―機内―ニューヨークのJFK空港到着―JFKで乗り継ぎ―ボストンのローガン空港着―友人の林さんの出迎え―ケンブリッジのホテル着

さて、旅行をした筆者がこの行程の中で体験し、**感じた最高の点はなんだったのでしょう。そして、最悪の点はなんだったのでしょう。**この体験から40年経ちましたが、いまだにはっきりと覚えていることがいくつかあります。当時の羽田空港は、ハイ・ファイ・セットの歌にも歌われたように、ドライブデートの定番コースでした。今から見ると想像もつかないかもしれませんが、当時は羽田が憧れの海外との接点ということもあったので、おしゃれでロマンチックな場所だったのです。

その羽田から、実際に飛行機に乗って「はじめてのアメリカ」に行くというのは、当時の若者としてはかなり刺激的、感動的な瞬間であったことを覚えています。現在の大きな飛行機の機内と違い、DC－8の狭い機内の壁が湾曲していたのもよく覚えています。

そして、すでにお話ししたJFK到着後のターミナル探しで、英語がわからないという最悪の体験です。アメリカで踏み出した第一歩の不安が和らいだのは、ボストンの飛行場で出迎えてくれた友人の林さんの笑顔を見て、ああ良かった、と安堵したときでした。その後、ケンブリッジのホテルに入ったときに嗅いだ甘い匂いは、アメリカの匂いとして、いまだに覚えています。

カスタマージャーニー――「最高！」と「最悪！」を明らかに

この例からわかるように、筆者が体験した感動の高揚（最高！）と低下（最悪！）が旅程を通して識別できます。あるカスタマー（顧客）の現実の体験を記録し、その体験における**感情的な高揚と低下を識別する方法を、デザイン思考ではカスタマージャーニー・マッピング**（以下、カスタマージャーニー）と呼びます。

この作業の目的は、顧客の話を聞き、顧客の視点から、その体験を再現することです。

顧客の体験を再現することから、顧客が感じた「最高！」と「最悪！」を体験するのです。そして、その「最高！」をさらに高めるには、あるいは、「最悪！」な体験を引き起こした理由、その問題点、課題を解決するには、どうしたら良いかを探ります。筆者の例では、ＪＦＫ到着後の英語がわからなかったことが、何にもまして最悪の体験でした。この体験は筆者だけではなく、日本から海外旅行に出るときに多くの方が直面する、どうやら日本人が抱える永遠の課題のようです。最近の問題解決案のひとつは、通訳アプリのようですが、果たして、あれで留学・駐在生活を過ごせるのかについては大きな疑問が残ります。

アメリカに短期でも住まわれた方から、よく耳にするのは、公園等の公共の場でアルコール飲料をあからさまに飲んではいけないという法律に引っかかったという話です。かくいう筆者も、渡米してから数カ月後の夏にその洗礼を受ける羽目になりました。ボストン近郊のフラミンガムという町（起業家教育で定評のあるバブソン・カレッジがある町）の近くの湖に、夏のある日、友人の林さんとバーベキューをしに行くことになりました。バーベキューというと聞こえが良いけれど、実はただの小さな炭火用グリル（Hibachi Grill）です。

それを担いで公園に入り、簡単に火を起こし、準備完了。さてお肉が焼きあがり、満を持してクーラーボックスから取り出したビールを飲んでいると、突然、背の高い公園のレンジャー（Park Ranger）がどこからともなく現れ、「公園でアルコールを飲んではいけないのを知らないのか?」と尋ねてきます。咄嗟に、「日本から来たばかりだから、知らなかった」と白状すると、「そうか、もしビールを飲みたいのなら、そこにある袋に入れて、瓶が見えないようにして飲みなさい」と教えてくれたのです。それから40年以上が経ちましたが、そのときの景色はいまだによく覚えています。まさに、アメリカにようこそ、でした。

日本からの留学生が警官から注意を受け、それがデータでは知ることのできない日本とアメリカの違いの体験となるのは、公共での飲酒だけではありません。最近は耳にしていませんが、22年から23年ほど前には、カリフォルニア大学ロサンゼルス校（UCLA）の語学のサマースクールに短期留学していた日本人学生の間で毎年恒例となっていたことがあります。UCLAのキャンパスのあるウェストウッドの町から徒歩で15分ぐらい行ったところに牛丼の「吉野家」があり、当時、日本食というか牛丼の恋しくなった学生の御用《ごよう》達《たし》になっていました。

その店を訪れた帰りに、あるいは他の場所でビールを飲んで寮に帰ろうと歩いていると、〝自然に呼ばれて〟しまうことが往々にしてあるようです。ところが日本のように公衆便所がそこかしこにあるわけではない、仕方がないので、ついつい裏道で用を足してしまう緊急事態に陥ります。すると、突然、警官に「おい、何してる、御用だ」となってしまうのです。用を足している最中に「おい、こら」といわれても、止めるわけにいかないので、このようなケースはだいたい現行犯で、罰金となります。これには、さすがにおったまげた現行犯の学生諸氏にとっては、一生忘れられない苦い経験となるそうです。

それでは、先ほど、筆者の経験に適用してみたカスタマージャーニーを、日本からサマースクールに短期留学している学生が、牛丼を夜食べにいく例に応用してみましょう。この例での旅程は以下のようになるのではないでしょうか。

UCLAでの夕食―宿題に励む―腹が減った―数名の友人と吉野家へ行くことを決める―徒歩―吉野家到着―15分で飲食―徒歩―UCLAの寮に到着

この学生の旅程での高揚点は、友人と20分歩いて吉野家に行った夜9時すぎの冒険、懐かしい牛丼の味でした。さて最悪の点はと尋ねると、もちろん先ほどお話しした、「おい、こら」の瞬間だったそうです。

この簡単なカスタマージャーニーの例では、この学生が体験した最悪の瞬間、言い換えると、用を足している最中に警官に見つかった、が浮き上がりました。

さて、この学生にとっての最悪の体験から、どのような洞察が導かれるでしょうか。まずみなさんが思いつくのは、このような事態はこの学生に限らずとも誰にでも日常茶飯に起こりうる、でしょうか。さらには、なぜ、歩いて吉野家に行ったのだろう、でしょう。

短期留学生なので、車をもっていないのだろう。不便だろうな。どうやって、普段の買い出しとかに行くのだろう。日本食はあまり出ないのだろうな。留学生は自国の食べ物が懐かしくなるのかな。UCLAのドミトリー（寮）の食事はきっと美味しくないのだろう。夜お腹が空いても、キャンパスの中には、食べに行けるところがあまりないのだろう。ひとりではなくて、数名で吉野家に行ったということは、この学生ひとりの問題ではなくて、多くの留学生に共通する問題なのかもしれない等々、たくさんの洞察を導くことができると思います。

この洞察を導く作業こそが、デザイン思考の最も重要な作業のひとつです。言い換えると、カスタマージャーニーを組み立てて、この学生になりきり、この学生の視点から、彼の体験を再現してみるのです。そして、その体験を引き起こした状況を理解し、そこに潜む課題と問題を見つける作業です。そうしますと、先ほどの洞察から、次のような課題・問題が浮き上がるのではないでしょうか。

- 学生は夕食後、夜中にお腹が空く
- 短期留学生は車をもっていない
- キャンパス内で夜中に開いているレストランが少ない
- 日本人留学生の食べたいものがキャンパス内にあまりない
- 一番近くて行ける吉野家でも片道徒歩15分から20分はかかる

もちろんこれらは、考えられる課題・問題のほんの一部で、決して考えられるすべての課題・問題を網羅しているわけではありません。

課題としては、学生の生活とニーズの理解、キャンパス内の夜間の食事施設の充実、留学生の生活と安全、キャンパス外の安全、学生の生活とレストランの需要といったテーマがあげられます。

そして、学生の生活とニーズ、そしてレストランの需要といった課題の中の具体的な問題のひとつが、公衆便所があまりない、キャンパスの外のレストランまで遠い、日本食のお店（寿司屋ではなくて牛丼屋のようなコストパフォーマンスの高いお店）が近くにない、となるでしょう。

この問題に対する解決策は、たとえば、公衆便所を増設する（でも、誰が?）、携帯トイレかもしれません。あるいは、デリバリーサービスですね。デリバリーサービスは、すぐに誰もが思いつく事業機会ですし、実現可能、さらに需要も多いでしょう。

マインド・マッピング――顧客を理解し、共感を深めていく

さて、この学生はどういう人なのでしょうか、もう少し洞察してみましょう。そもそも、なぜ筆者がこの話を知っているかというと、この体験をした本人が話をしてくれたからです。彼は、この話を自慢話のように話してくれました。

いわゆる武勇伝〝我かく戦えり〟というノリで、いかに夜9時すぎのアメリカ人が歩いていない通りを友人2人と歩いて吉野家まで行ったか、サンタモニカ大通りには車がビュンビュン走っているけれど、古い鉄道の軌条《きじょう》を渡るあたりでは歩いている人がまったくいない、そのあたりで何かあっても、車に乗っている人はまったく気がつかないだろう。そして、また同じように帰路を歩いたところで用を足していると、件《くだん》の警官が出現したという壮大な物語を話してくれました。

この学生は、冒険好きで、リスクをいとわない、友だちとの行動を大切にする、日本で

はできないアメリカの生活をエンジョイしているのが、この会話からすぐに感じ取ることができました。「おい、こら」という場面を引き起こすような、おっちょこちょいかもしれないけれど憎めない、前向きで、明るい学生です。

インタビューから洞察を行ない、その人物を理解していく作業を、デザイン思考ではマインド・マッピングと呼びます。簡単にいうと、潜在的な顧客の心理的特性をインタビューの結果から洞察し、気づいた点をまとめ、顧客を理解し、共感（empathy）を深めていく作業です。そのため、このマインド・マッピングは共感マップ（Empathy Map）とも呼ばれています。

インタビューで直接、話を聞いたので、インタビューを受けた人がいったこと（say）、あるいはしていること（do）は実際に観察することができます。

ところが厄介なのは、その人が考えていること（think）と感じていること（feel）を知ることです。そこで、インタビューの結果から、あるいはインタビューを受けた人の行動を観察して得た学びから、気づいた点を記録する作業が必要となります。そして、その気づきから、共感を深めるための洞察を行ないます。

ペルソナ――行動のもとになる心理的特性に焦点を当てる

この学生をペルソナ〝おいこら〟と呼びましょう。このように、**心理的特性とその行動から描く人間像をペルソナと呼びます**。すでにご存じの方も多いかと思います。インタビューそして、マインド・マッピングといった作業から浮き出てきた人間像をペルソナという形で描写し、観察を通じて得た情報・データをもとに具体的な顧客像をつくります。

このペルソナ創造で鍵となる点は、その人物の「心理的特性」を的確に把握し、その人が、どういうタイプの人物であるかを詳細に記述することです。ペルソナを考える際に重要なのは、ペルソナの性別、年齢、人種、職業、所得といった人口統計と社会経済の分類に加えて、その人独自の考え、行動のもととなる心理的特性に焦点を当てることです。ペルソナはチームで作業をしていく際に、あるメンバーがそのペルソナにつけられた名前を呼ぶだけで、チームのメンバー全員がどういう顧客を意味するのかわかるようにするのは、ブレインストームの際にとても重宝します。

さて、この明るく、冒険好きなペルソナ〝おいこら〟の体験から浮き上がる課題と問題、そしてその解決案はなんでしょうか。さらには、その解決案が新しい事業機会に結びつくのでしょうか。もちろん、吉野家のデリバリーサービスは、時間の節約、夜中に歩くリスクの回避、トイレの心配をなくす、という機能的、客観的な問題の解決には最適です。

その一方で、〝おいこら〟は、冒険も好きなのです。吉野家にわざわざ夜中に、危険を承知で、徒歩で出かけていくのが〝おいこら〟なのです。この洞察から導かれるのは、〝おいこら〟にアメリカでの新しい体験を与えることも重要な課題ということでしょう。

そうしますと、夜中に歩いて吉野家に行かなければならない問題の解決策としてのデリバリーサービスとは、まったく違う方向の課題が浮き上がってきているのです。すなわち、日本では普段、経験できない冒険的な体験がペルソナ〝おいこら〟には良いのかもしれない、という仮説にたどりつくのです。

さらに洞察を進めると、この学生〝おいこら〟にとっては、用足しの最中で捕まったことはそのときは最悪ではあったものの、後で考えると「してやったり」だったのかもしれません。ですから、この〝おいこら〟はわざわざ筆者にこの話を武勇伝として話してくれたのでしょう。そのように洞察を進めていくと、この〝おいこら〟のようなペルソナのアメリカ体験度を高めるためには、まさに「修羅場体験ツアー」、あるいはそのようにチャレンジングな留学プログラムが良いのかもしれません。

初期の課題すら変わっていくプロセス

まとめますと、吉野家のデリバリーも良いけど、「新しい体験を与える」ことが新たな課題になり、その課題から解決案を考え、それを事業機会に結びつける、というように仮説が進展し、それにともない、**課題の設定（フレーミング・クエスチョン）も変わってきます。**この〝おいこら〟の例では、初期の課題は「いかに安全に効率的に吉野家の牛丼をUCLAのキャンパスから食べに行くのか」だったのですが、新しい洞察から浮き上がった新たな課題は「いかにチャレンジングな短期留学生生活を過ごし、アメリカでの体験度を高めるか」となります。フレーミング・クエスチョンがまったく変わってしまったのです。洞察を深めることにより、**初期の課題が変わっていくプロセスも、デザイン思考の特徴のひとつ**です。

言い換えると、カスタマージャーニーを一般的、表面的に理解するのではなく、インタビューを受けた人の心理的特性のレンズから体験することにより、新しい視点が生まれるのです。簡単にいうと、インタビューをして話を聞くと、さらに深い洞察ができるのです。先ほどの海外旅行という体験では、フライト中の機内でどのような体験をしたのかだけではなく、旅程を通じた顧客の体験（カスタマージャーニー）を、その旅程の節目節目で再現しました。

インタビューをする目的は、あくまで顧客の目線での体験を一緒に再現することです。ですから、インタビューは聞き手があらかじめ考えていたことを証明するための証拠を引き出すような誘導尋問であってはいけません。顧客の体験を深く掘り下げて聞くのです。表面的な答えではなく、感情的な高揚と低下がカスタマージャニーのどこで起きたのかを克明に記録していきます。[†2]

「これ、やばい」が一番印象に残る

筆者が教鞭をとるアメリカのカリフォルニア州にあるドラッカー・スクール（正式名はPeter F. Drucker and Masatoshi Ito Graduate School of Management）では、日本の高校生のためのリーダーシッププログラムをクレアモントのキャンパスで夏に開催してきました。

†2｜インタビューに際して、特に重要なのは、驚きと理不尽な点を探す、物語と例を積極的に聞く、動作、しぐさ、ボディーランゲージ、発声の変化に特に注目する、体験の中で、“痛み・失望”した点を探す、感情的な高揚と低下を見つけ、その理由を探る、そして、表面的な答えに安住せずに、もっと深く聞くことです。山脇秀樹『戦略の創造学――ドラッカーで気づき デザイン思考で創造しポーターで戦略を実行する』（東洋経済新報社、2020年）も参考にしてください。

このプログラムの学習目的は日本では普段できない体験を日本の高校生にしてもらうことです。2016年のプログラムには22名が参加し、数日をかけてロサンゼルス近郊のいろいろな企業を訪問しました。

さて、ある日の予定には、ロサンゼルスのダウンタウン、ブロードウェー通りで1917年から営業しているグランドセントラルマーケット（Grand Central Market）での昼食が入っています。ここは広い空間にアメリカ料理とエスニック料理のお店40店ほどがひしめき合っている、まさしくストリートフードのマーケットなのです。場所は、ロサンゼルスの観光名所のひとつである登山電車エンジェルスフライトレールウェー（Angels Flight Railway）の登山口駅の真ん前にあります。ちなみにこの登山電車は1901年開業で、ナローゲージの電車が約90メートルを登ります。

グランドセントラルマーケットを訪れると、まず騒音、人の多さと賑わい、混沌《こんとん》、匂い、店の多さに圧倒されます。

特にはじめて海外から訪れた人にとっては、さて何を食べようかなと、何度も店内を歩き回ってもなんだかよくわからない、メニューがわからない、どういう注文のプロセスなのか、注文のラインがどこから始まっているのかわからない、幸運にも注文できて、食べ物を受け取ったとしても座る場所が限られている、どこで食べてよいのかもわからない、というわからない尽くしの苦行を強いられる場所なのです。日本の高校生に与えた昼食時間は1時間、勝手に好きなものを食べて、その後、集合となりました。

与えられた1時間が経ち、ポツポツと高校生が集まり始めました。そこで、講師3人が何をどこで食べたか聞いてみますと、4人の女子グループはピザを食べたと報告してくれました。英語は通じたかとの質問には、笑いながら「なんとか」だったそうです。次の4人の女子が食べたのは、ハンバーガー。もう1組の女子グループはメキシコ料理のタコスを食べたようです。「英語は？」の質問には、ゲラゲラ笑って「いってることがよくわからなかったけど、楽しかったー」と意気があがっています。

男子4人組は、手堅くラーメン、もう1組も同じくラーメン。「なんでラーメン？」と尋ねると、「注文しやすかった」とのひと言です。さて、最後の3人の男子グループに同じ質問をすると、「食べなかった」と教えてくれました。なんでと尋ねると、「注文の仕方がよくわからないし、どれを選んで良いのかわからなかった」そうです。「わからない」という体験ひとつとっても、楽しめる人と楽しめない人がいるということです。

グループの中には、トイレに行きたかったけれど、行かなかったという男子高校生が2人ほどいました。場所がわからなかったのかと思い、地下に行く階段を降りると、すぐ見つかるよと教えてあげると、「知っています」との返事です。「大丈夫？」と聞くと、あのトイレに入ったけれども、汚いので止めたそうです。参加者の心理的特性には幅があるようです。

ある高校生は冒険好き、チャレンジに旺盛に立ち向かい、はじめての環境でも適応性がある、また別の高校生は、見慣れぬ光景に圧倒され、日本とは違う状況に簡単に適応しないタイプといった具合です。

昼食の後は、ロサンゼルスが新たに開発したアーツディストリクト（Arts District）に徒歩で訪問するのがプログラムです。距離的には遠くなく、徒歩で20分もあれば楽に行ける距離です。

ところが、その通り道には、たばこ・葉巻・パイプはもとより、電子たばこから合法カナビスまで取り揃えたスモークショップやいろいろなエスニックの商品のお店が並んでいる通りがあります。その通りは、特に昼間は物騒というわけではないのですが、日本の町とはまったく違う雰囲気、日本では見かけない商品と人々、時折ホームレスの人が店の前に寝ていたりする通りです。とにかくダウンタウンの山の手にあるビジネス街から徒歩で下ってくると、目に映る光景の落差が大きいのです。けれども、先ほどのペルソナ〝おいこら〟だったらエンジョイするに違いない場所です。

ドラッカースクールで組織論・チームワークを教える教授お薦めの、このルートをグループ一同元気に歩き始めました。高校生は和やかにおしゃべりをしながら、写真を撮りながら、2人から3人の小さなグループでばらばらと歩いていたのですが、その通りに差し掛かると突然、おしゃべりが途絶えました。それまでは三々五々といった感じで歩いた高校生が、アメーバーの結合のように、ぎっしりと詰まったひとつの集団に変わったのです。聞こえる言葉は「これ、やばい」「マジで」という小声だけです。ロサンゼルスに住んでいる人から見れば、見慣れた光景なのですが、日本の高校生にとっては、突然別世界に迷い込んだようだったのでしょう。

さて、1週間の夏のプログラムも無事に終了し、最後にこのルートを選んだ組織論の教授が、プログラムのどこが一番印象に残りましたかと、高校生に聞きました。すると、ほとんどの高校生が「あのやばい通り」が一番思い出に残ったといいました。

平均的な人？　特徴のある人？

マーケティングのリサーチは大きなデータに基づき、市場を代表する平均的なユーザーに焦点を与える傾向がありますが、デザイン思考ではひとりでもよいから印象深いユーザー像のストーリー、ジャーニーを聞き、そしてその人物の心理的特性、実際の行動様式から、共感をもって、洞察を導いていくことが大切であると考えます。

さて本章では日本の高校生のロサンゼルスでの体験についてお話ししました。この高校生22人全体に共通する点をまとめ、高校生の平均的な像をつくり「高校生」をターゲット・カスタマーとするのでしょうか。それとも、この22人の高校生のうち、特徴のある人を選び、その人特有の心理的特性を表すペルソナをつくり、それから洞察を導き、新しい課題を定義していくのでしょうか。

たとえば、グランドセントラルマーケットの訪問で、英語では苦労したけれど、それをものともせずにタコスの昼食を楽しんだ女子高校生をペルソナ〝タコスさん〟とすると、この〝タコスさん〟の目線で語られた物語に共感し、彼女の体験を再現することを通して、感情移入をすることができるのです。

せっかく日本からロサンゼルスに行ったのに、ラーメンを注文したペルソナ〝ラーメンくん〟はどういう人でしょう。自分の知っている世界の枠の中にとどまる、知らないものを試すのには慎重な人だとすると、グランドセントラルマーケットの体験の高揚点はどこだったのでしょう。それとも最悪続きだったのでしょうか。

また、トイレに行けなかった高校生をペルソナとすると、彼の悩み、痛みの点が手に取るようにわかり、このような顧客の抱える問題を解決するためのアイデアが必要であることがわかるのです。

調査や統計の平均値や中央値だけを見ていたら、特徴のある顧客は「見えない顧客」となってしまいます。新しい機会、そして新しい顧客、新しい市場を見出すヒントを手放すことになるわけです。

第2章

観察し、体験しよう

私が大切にする仕事は、極めて簡単だ。
それは観察することだ。
けれども、何よりも私がしたいのは
感動的な写真を撮ることだ。

Elliott Erwitt †1

デザインスクールとビジネススクールが噛み合わない理由

第1章では、日本からの留学生の他愛もない例をもとに、デザインスクールで使われている、カスタマージャーニー、マインド・マッピング、ペルソナといった3つの手法を通じて、消費者・顧客を深く理解し、彼らの抱える悩みと課題、そして潜在的な欲求・希望・ニーズを探る方法を簡単に紹介しました。

この手法は、最近になって使い始められたわけではなく、パサデナにあるアートセンター・カレッジ・オブ・デザイン（Art Center College of Design in Pasadena、以下アートセンター）では、過去20年以上にわたり綿々と使われてきている手法です。

新しいアイデアを創造するには有効な手法ですが、その有効性をさらに高めるには、好奇心をもって対象となる人たちを観察することが必要となります。言葉は悪いですが、**キョロキョロと観察をするのが、消費者・顧客を理解する大切な一歩**といえるでしょう。

以前、アートセンターの工業デザインの学生とドラッカースクールのＭＢＡの学生が共同で行なったプロジェクトに、スターバックスの家庭・オフィス用エスプレッソ器具をデ

†1 | Elliott Erwitt, *Personal Exposures*, New York: W. W. Norton & Company, 1988.

ザインし、その市場戦略を構築するというものがありました。スイスの食品大手ネスレ(Nestlé)はエスプレッソコーヒー器具のブランド、ネスプレッソ(Nespresso)を1986年に市場に投入し、20年後の2005年ごろから急速に、そのブランドが世界的な人気を呼ぶようになりました。ネスプレッソの成功に後れをとったスターバックスでは、それに対抗するための器具をつくる企画があり、このプロジェクトがその一環になったというのが背景です。

さて、5つのグループがリサーチをすることになりました。各チームはそれぞれ独自のやり方で、リサーチをすることになったのですが、各チームに共通の問題が発生しました。各チーム内のデザインの学生とMBAの学生のリサーチの仕方が、まったく噛み合わないのです。学生といっても専門職大学院に所属する人たちですから、すでに、それぞれの分野で、5年から10年の実務経験を積んでいます。

どうなったかというと、MBAの学生は、予想通り、市場分析、既存と潜在的な競合企業の分析、あるいは、すでに市場で売られている器具のリサーチから入りました。MBAの学生は、デザインの学生のやり方に文句をいいます。デザインの学生のリサーチは、役に立たない、なぜかというと、彼らはスターバックスでブラブラしているだけ、というのです。

一方、デザインの学生は、MBAのやり方に不満があります。なんで、競争分析から入るのか、重要なのは潜在的な顧客の行動を観察することではないのか、というのです。彼らは、スターバックスのお店にまず出向き、そこに2時間ぐらい粘り、入店するお客さんの些細な行動を記録していたのです。このお客さんは、入店後すぐにマグカップのコーナーに直行し、左手で商品を取り上げた、こちらのお客さんは着席した後すぐに、靴を脱いだ等々です。

もちろん、どちらが正しいのではなく、最終的には両方のアプローチが統合される必要があるのですが、この話は重要な点を教えてくれました。競争相手から学ぶのは大切なんですが、つまるところ、**重要なのは、「一体誰が顧客なのだろう?」「彼らのニーズはなんなのだろう?」という根本的な問い**です。この問いへの答えは、潜在的な顧客を観察し、理解することから、はじめて出てきます。すなわち、**デザイン思考云々以前に、好奇心をもって消費者・顧客を観察するのがとても重要**なのです。さらには、実際の体験から気づき、発見することの重要性は、ここであらためていうまでもありません。

「えー、日本の電気製品売ってない」

さて、第1章で紹介した日本の高校生のためのプログラムでは、家電量販店ベストバイ(BestBuy)、テスラ(TESLA)のディーラー、オーガニックフードのスーパーマーケット、現在アマゾン傘下のホールフーズ(Whole Foods)を訪問しました。

家電量販店ベストバイでの45分の店内観察の後、日本の高校生に感想を尋ねると、「日本のテレビが、あまり置いてない」「店内に展示してあるテレビの画面が大きい」「VIZIOってどこの会社?」「カメラのコーナーがとても小さくて、製品がほとんど置いてない」「サムスンばかり」「アップルとマイクロソフト、サムスンのコーナーがとても大きい」「LGって日本の会社?」「冷蔵庫、洗濯機が大きくて、日本の製品がひとつもないのにサムスン製がある」等々のたくさんの反応が返ってきました。もちろん、この観察は日本の読者の方々にとっては、何を今さらでしょうが、日本のビックカメラ、ヨドバシカメラ等の家電量販店で日本のブランドとその製品を見慣れていた高校生にとっては、大きなショックだったことも、つけ加えておく必要があると思います。

彼らにとっては、「えー、アメリカの電器屋さんで日本の電気製品があんまり売っていない。日本と違ーう」、なんで私たち知らないの、という一大発見なのです。

スタッフ待機室の「整理整頓」

ドラッカースクールではMBAの学生のために、日本で1週間のレジデンスプログラムを2018年に開催しました。それ以前にも海外でのレジデンスプログラムを世界各地で開催してきたのですが、2018年のプログラムでは、20名の履修生が日本に滞在し、日本のサービスと消費者の嗜好・行動・文化について理解を深めるのがその趣旨です。

そこで、選んだのが、新幹線車内のお掃除〝7分の奇跡〟で知られるJR東日本テクノハート（略称テッセイ）でした。

当日は、まず東京駅八重洲口から日本橋方面に抜ける飲食店の並んだ通りにあるテッセイの事務所を訪れ、そこで会社概要の説明とお掃除の現場を訪問するための規則をうかがってから、いよいよ八重洲口に向かうことになりました。

参加者は年齢が25歳から28歳のアメリカのMBAの学生ですから、何をしでかすかわからない。ある意味、日本の高校生のグループよりも、その引率は大変です。テッセイの安全遵守の規定にしたがい、一般のお客さんの迷惑にならないように、学生は小さな隊をなして歩きます。筆者がヘッドフォンをつけて通訳を務め、先導するテッセイの案内の方の説明を英語に訳して学生に伝えます。お掃除を見学する以前の、この小隊を崩さずに団体で歩くということが、すでに日本とアメリカの「違い」と感じた学生も少なからずいたようです。

さて、東京駅に着き、通常では通れないいくつものドアをくぐり、新幹線のプラットフォームの下にある歩道を歩いて、小さな部屋に到着しました。この部屋は、掃除の前後にスタッフが集まる部屋です。そこで、部屋の中にある机の役割について、掃除用具を置くスペース、そして、スタッフが発案した掃除用具のイノベーションについて説明を受けます。見学する車両が到着する時間になったので、全員がまた小さな隊を組みプラットフォームに上がりました。

新幹線の車両がするすると到着し、すべての乗客が降車してから、折り返して出発するまでの7分間の掃除の様子を、説明を聞きながら観察するのです。さて、このプラットフォームでの〝7分の奇跡〟の見学も終わり、出発地点のテッセイのオフィスに戻り、セッション終了となりました。

テッセイのオフィスを出た途端に、何人かの学生が感想を述べてくれました。「車外からの見学だったこともあるけれど、あの小さい部屋が印象に残った」とひとりが口を開くと、もうひとりが「そうそう、あの部屋」、そしてもうひとりが「あの部屋、新しい部屋ではないけれど、とても整理整頓、そしてお掃除が行き届いていた」「新幹線の車両を短い時間でお掃除するのは、それはそれで印象に残ったけれど、あのプラットフォームの下にある、掃除の前後にスタッフが集まり待機する小さな部屋がきちんとしていたのには、まったく驚いた。アメリカじゃ、ああはいかないわね」。どうやら、思わぬ発見をしたようです。

これらの例は、印象を重視した意見であり、一見すると取るに足りない例かと思いますが、要点はおわかりになったのではないでしょうか。若い人たちにとって、体験すること、経験すること、ましてや外国での観察、体験は、客観的なデータからは知ることのできないさまざまなことを学ぶのに良い方法なのです。海外への「はじめの一歩」は、まず体験です。特に、若いころの海外での体験は、将来必ず役に立つ日が来ると断言できます。

体験の重要性は、海外での体験に限らずに普遍的に認められていると思います。ご存じのように、新型コロナ感染の増加により、アメリカの多くの大学では2020年3月以降、キャンパスが閉鎖されています。9月から始まった新学期も、教室での対面の授業は中止となり、ほとんどの大学では遠隔授業に変更になりました。これにともない、新入生が新学期の入学を延期し、そのために入学者数が低下する傾向が見られています。

ちなみに、ハーバード・ビジネススクールでは、2019年の新入生は938名でしたが、2020年は720名へと約25％減少しています。最大の理由は、オンラインによる遠隔授業では入学する価値が小さい、だから入学延期あるいは他国のビジネススクールへ変更したいというものです。もちろん、Ｚｏｏｍ等を使ったオンライン授業の学習効果の限界が入学減少の原因のひとつなのですが、ビジネススクールへ入学する価値は、講義だけではなく、キャンパスでの生活、体験、ソーシャライズ、そしてネットワークづくりも重要なのです。そうした体験ができない場合には、入学はしたくないというのが本音でもあることを忘れてはいけません。

第3章

誰が顧客なのだろう？

我々のビジネスは何かというためには、
顧客から始めなければならない。
顧客が直面する現実と状況、彼の行動、期待、
そして彼の価値観を理解しなければいけない。

Peter F. Drucker[†1]

なぜ、新しい市場に進出するのか

そもそも、企業はなぜ新しい市場を目指すのでしょうか。

自国市場から海外の新しい市場に進出する例を考えてみましょう。もちろん、海外には出ていかず、自国市場に特化している企業はありますし、海外に出ていったからといって、事業に成功するとは限りません。それにもかかわらず、なぜでしょう。読者のみなさんはどのように答えられますか。

たまたま、筆者の担当する企業戦略の授業で、カリフォルニアのワイナリーのケースを討議しました。このワイナリーはナパで長年にわたりワインを製造しており、その販売はアメリカの国内市場に特化しています。最近では、アメリカ内外の競争相手からの圧力が高まり、新しい戦略を模索しています。競争環境の予備的分析の後、今後3年から5年の戦略を考えてくださいという問いに、各チームが案を練ってきました。

「このワイナリーのブランド力を使って、海外市場に進出すべきです」「海外のワイナリ

†1 | Peter F. Drucker, *Management: Tasks, Responsibilities, Practices*, New York: Harper & Row, 1973.

ーとアライアンスを結ぶのが良策です」「中国市場を目指すべきです」と活発な討議が続きます。各チームでいろいろな案を出し合いましたが、各チームに共通したのは海外市場進出の選択肢でした。

「アメリカの市場でブランドがあるから、それを使えばよい」「海外市場、特に中国市場の成長は見逃すべきではない」、そして「私たちのワインの質は高い」というのが述べられた主な理由でした。言い換えると、このケースでは、海外に進出する理由は、成長している市場を求めるため、そして海外でも通用する優位性（ブランドとそのもととなる高品質）を持ち合わせているから、となります。

このワイナリーの例に限らず、読者のみなさんのご存じの事例でも、海外市場への進出の理由として、「成長している市場を求めるため」「品質、ブランド、あるいは低コストといった自社の競争優位性を利用するため」「競争相手が海外に進出したので、それを追いかけるため」、そして「自国市場のみに依存するリスクを回避するため」といった理由が即座にあがるのではないでしょうか。

本国で売れているものは海外でも売れる?

これらは、新しい市場に企業を向かわせる主要な理由として正しいのですが、このリストに落とし穴があることも見逃すわけにはいきません。それは、市場規模が大きく、そして成長している市場を求めるのはごもっとも、しかしそうはいうものの、**「その市場の消費者は、自社の製品・サービスを本当に買うの?」**、**あるいは「ウチの製品はその市場で売れるの?」という根本的な疑問**です。つまり、データから見ると市場規模は大きく成長していても、その市場に自社の製品・サービスに対する潜在的なニーズがある、という仮定への懐疑です。

この仮定にあまり注意を払わずに、本国で売れているものは海外でも売れる、という理論のもとに海外市場に進出して、そこで、市場条件、消費者の嗜好、ニーズ、プライオリティ、生活様式とライフスタイル、購入パターンの違い等々に気づいて慌てる、さらには撤退に追い込まれたという国際ビジネスの事例は数多くあります。†2

古典的な事例では、ケンタッキーフライドチキン(KFC)とマクドナルドの例が有名

†2 このような事例はハーバード・ビジネススクールのケースに多くあります。国際ビジネスのケース集としては、たとえば、Christopher A. Bartlett and Paul W. Beamish, *Transnational Management: Text and Cases in Cross-Border Management*, Eighth Edition, Cambridge, UK: Cambridge University Press, 2018が参考になります。

です。KFCが日本に参入した際に、当時の日本支社のジェネラル・マネジャーであったロイ・ウェストン氏が、日本の顧客はアメリカの顧客と違って、たくさんの量を食べないし、フライドチキン一個のサイズが大きすぎるので、新しい日本向けの製品を投入するように、アメリカの本社に進言しました。ところが、本社は従来通りのモデルの続行を決めました。

一方で、同様な観察をしていたマクドナルドは、日本でも一口サイズのチキンマックナゲットを導入して成功しました。

ホームセンター大手のホーム・デポ（The Home Depot）は2006年に中国に進出しましたが、当時は中国の賃金はまだまだ低く、ホームデポが想定していたターゲットの顧客は自分で日曜大工をしない、という状況に参入後に気づきました。そのため、ホームデポは2012年に撤退しました。もちろん、このような撤退の事例では、進出先の状況を知らなかったという理由に加えて、組織、戦略上の理由もあることもつけ加えておくべきでしょう。[†3]

繰り返しますが、特に未知の市場に参入する場合には、その市場と潜在的な消費者・顧客、さらにそれが海外である場合には、その国の社会・文化・歴史・制度を知ることも必要となります。そして、それを、身をもって経験していれば、その市場についてより深い

†3 | Christopher A. Bartlett and Paul W. Beamish, 2018, op. cit.

洞察ができるといえます。たとえば、みなさんがアメリカで新しい市場を開拓しようとしていると仮定します。

そこで、アメリカの消費者について知っていることを5分で書いてくださいと、聞いたとしましょう。さて、みなさんはなんと書きますか。日本で、アメリカの消費者というとすぐにピンとくるのは、ニューヨークのマンハッタンを闊歩《かっぽ》するビジネスパーソン、カリフォルニアのシリコンバレーのハイテク産業で働く人たち、あるいは、ロサンゼルスのエンターテインメント産業の人たちでしょうか。

以下では、日本では取り上げられる機会が少ないけれど、アメリカでは主流と考えられる郊外に住む「普通」の人たちに焦点を当てて、その人たちを知ることにより、市場の様子を探っていきます。

アメリカの自動車市場を大きく変えたレクサスLS400

筆者の知人にチャールスさんという人がいます。[†4] チャールスさんはアメリカの中西部ア

†4｜本書第3章から第5章で紹介されるペルソナの名前はすべて仮名を使用しています。

イオワ州で生まれ、大学を卒業してから数年間は故郷で暮らしていました。その後、1960年代のはじめにロサンゼルス近郊に引っ越し、技術者であった彼は1970年代に2人のお兄さんと共同でローパク（Ropak）というプラスチックの容器を製造する会社を南カリフォルニアのフラトン市に創業しました。長男のお兄さんが社長となり、チャールスさんは営業とオペレーション担当の副社長として会社の経営に携わりました。創業後、会社は順調に成長し、1980年代には日本の大手電気機器メーカーにも、生産工程で部品を収納するプラスチックのトレーを納入するほどの信頼をつくり上げました。

さて、チャールスさんとその2人の兄弟のお父さんはイギリスのイングランドからの移民の2世、お母さんは南イタリアからの移民1世でしたが、彼自身はイタリア語はまったく話せません。

彼の好きな食べ物といえば、イギリス風のプライムリブ、そのつけ合わせにはクリームコーンとクリームスピナッチ、そしてホースラディッシュのソースです。ローストビーフも好物のひとつで、サンドイッチはパンより具のほうが大きいパストラミにフレンチフライ、レストランでのディナーの前には必ずシュリンプカクテルとマルガリータかジントニック。鮭以外の魚がメニューにあってもすべてパス、魚は鮭オンリー。パスタとは絶対呼ばない彼のスパゲッティは〝アルデンテ〟とはほど遠く、柔らかい仕上がりです。ミートボールかボロネーゼのソースで、スパゲッティをナイフでしっかりと細かく切って食べるのがマナーです。

仕事場での格好は会社のロゴがついたゴルフシャツですが、家に帰っても相変わらずゴルフシャツ。週2日は必ずゴルフで、友人のゴルフ仲間とゴルフ旅行を年1回は欠かさずに実行し、プロゴルフのトーナメントがある日曜日は、テレビにかじりついて1日を過ごすほどのゴルフ好き。アメリカの祝日のイースター、独立記念日、サンクスギビング、そしてクリスマスは家族とともに、しっかりアメリカの伝統的な料理を食べて祝います。

チャールスさんは、取引先の日本企業の接待で日本を観光旅行したことがありますが、基本的には日本に関する知識はとても限られていました。それでも当時のアメリカからのビジネス観光客の掟通りに、日比谷の帝国ホテルの地下アーケードの旭商店でちゃんと真珠のネックレスを奥さんへのお土産に買っています　彼が日本に行ったことがあると話をしてくれたので、「日本料理はどうだった?」と尋ねたところ、陽気な彼は“too small”といって大笑いしていました。味については一切しゃべらなかったので、あまり印象に残らず、お腹がいっぱいにならなかったのでしょう。それでも彼は、1980年代から1990年代には、自宅の近くの〝本当の日本料理〟、ロッキー青木の鉄板焼き紅花

(Benihana) には頻繁に行っていたので、日本料理は知っていると自慢していました。

読者の中には１９７０年代から１９９０年代にアメリカを訪れたことのある方、あるいは日本の産業が興隆《こうりゅう》を極めたちょうどそのころにアメリカでビジネスをされた方がいらっしゃると思います。

そのみなさんに、〝典型的なアメリカ人〟を想像して、その特徴をあげてください、と聞いたとしましょう。どのようなプロファイル（人物像）の人を頭に浮かべられますか？

このチャールスさんのすべてが当てはまるとは思いませんが、彼の行動のかなりの部分が１９７０年代から１９９０年代の西海岸のアメリカ中年白人男性の一般像に当てはまるのではないでしょうか。チャールスさんは、その世代の日本人が描くアメリカ人の一般像に当てはめるように、私がつくり上げたペルソナ（架空の人物像）ではありません。チャールスさんのような人が当時、実際にマジョリティを占めていたのです。

さて、読者のみなさんが興味をもっているかもしれない点についてお話ししましょう。チャールスさんはどんな車を運転していたのでしょう。彼は自称〝車好き〟でした。だからといって、彼が突然ロータスだ、アルファロメオだ、ポルシェだと、いい出すわけではありません。

彼は、〝古き良き〟アメリカ、１９５０年代と１９６０年代のアメリカ車に囲まれて10

代、20代を過ごしたのです。筆者がはじめてチャールスさんに会ったころ、たしか20年ほど前だったと覚えていますが、そのときはGMのSUVとピックアップトラックのブランドであるGMCの大型SUVのユーコン（Yukon）、それも消防車みたいに真っ赤、しかも標準より長いボディでモデル名が冗談ではなくXLというモデルに乗っていました。とにかく、でかい、赤い、長い、のです。

チャールスさんの会社の経営は順調だったので、ゴルフ場に通うために彼が1990年に買った車があります。これがまた赤い車で、クライスラー TC バイ マセラティ（Chrysler TC by Maserati）でした。アメリカのクライスラーとイタリアのマセラティによる共同ブランドによる車です。日本の読者は、えっ、何、クライスラーとマセラティが共同でつくった車ってどんな車？　となるでしょうが、アメリカでも同じです。はっきりいって、アメリカ人もよく知らない車です。

余談ですが、クライスラー TCは当時クライスラーの会長であり、前職のフォード時代にマスタングを導入したリー・アイアコッカ（Lee Iacocca）のアイデアによるスポーツクーペですが、どこがマセラティなのかと聞かれると、よくわからんというのが正解の車でした。内装が革張り、クライスラーのエンジンをマセラティが組み上げた、というあたりがマセラティのようなのです。

さてその後2007年ごろに、〝でかい、赤い、長い〟GMCのユーコンの後釜に彼のガレージに収まったのが、クライスラーの300C HEMIでした。5・7リッターV8エンジンを積んだクリーム色の4ドアセダンです。日本の読者の方には繰り返し申し訳ないのですが、見たことも聞いたこともない「アメ車」の話でまったくイメージが湧かないかと思います。チャールスさんは、このような日本人が知らないアメリカの車がすこぶる好きで、歴代の愛車は「アメ車」でした。

ところが、1990年に奥さんの車に異変が起こりました。それまでは奥さんの運転する車も歴代アメ車のステーションワゴンとセダンでしたが、それが突然にアメ車から非アメ車に変わったのです。アメ車と並んでチャールスさんのガレージに置かれたのは、1989年に北米市場に導入され、レクサスのブランドを確立したあの初代レクサスの4ドアセダンLS400でした。

若い読者のみなさんにとっては、あまりピンとこない昔の話を長々と書いてきましたが、日本の産業、特に自動車産業にとっては歴史的といってよいほど重要なサクセスストーリーのひとつとして、このレクサスLS400モデルの導入のケースは殿堂入りを果たすのです。1989年以前の北米市場における日本の自動車は、コンパクトとミッドサイズといわれる小型車と中型車にその焦点を合わせ、フルサイズ、ラグジュアリー・高級車部門への参入が戦略上の大きな課題でした。

特にラグジュアリー部門では当時、ドイツのメルセデス・ベンツとＢＭＷが強力なブランドを構築し、イギリスのジャガーが歴史的なニッチを守る一方、地元の高級車ＧＭのキャデラックとフォードのリンカーンの地位が徐々に低下する傾向にありました。そしてレクサスによるトヨタのこの部門への参入は、市場構造を大きく変える要因となったのです。

「アメ車」好きの心を揺さぶる「日本のビュイック」

チャールスさんと奥さんは、このＬＳ４００をきっかけとして、トヨタ車を認めるようになり、ＬＳ４００を手放した２００６年ごろに、次の新しいトヨタの車がガレージに収まることになりました。今度はアメリカの市場でのみ販売された第３世代のアバロン（Avalon）でした。レクサスとしてではなく、トヨタのフルサイズカーとして導入されたこのモデルはカムリのプラットフォームを使ったアメリカの市場向けの大型４ドアセダンで、いわゆる〝大きく、高級（large and upscale）〟のセグメントに焦点を合わせていました。すらっと長いプロポーションに、すっきりとしたデザインのこのモデルはケンタッキー州のジョージタウンの工場でつくられたメイド・イン・USA（Made in USA）の車で、その性能、品質、安全性、快適性で高い評価を得て、当時アメリカの郊外に住むメインストリームの消費者に受け入れられました。

話は逸れますが、GMの長年の戦略は1930年代から1950年代中期にかけて会長、CEOを務めたアルフレッド・P・スローン（Alfred P. Sloan）の有名な言葉「A car for every purse and purpose（すべての人のお財布と目的に見合った車）」に基づいています。言い換えると、「すべての顧客に見合う車をすべて提供する」ということになるのでしょうか。[†5] 具体的には、予算が小さい人向けのベーシックな車はシボレー（Chevrolet）、同じようなセグメントで少し性能が高いポンティアック（Pontiac）、その上に位置するブランドがオールズモビル（Oldsmobile）、フルサイズの上級プレミアムブランドがビュイック（Buick）、そして自動車人生の上がりはラグジュアリーブランドのキャデラック（Cadillac）というブランド同士が被らない「ブランド階段」がGMの戦略でした。

それでは、長年のアメ車ファンのチャールスさんと奥さんは、レクサスLS400とアバロンをこの階段のどこに位置すると見たのでしょうか。彼らにとってはメルセデス・ベンツ、BMW、そしてジャガーは選択肢に最初から入らなかったのです。そして、ラグジュアリーカーあるいはフルサイズセダンの最上級プレミアム車種のセグメントのアメ車と

†5 | Alfred P. Sloan Jr., *My Years with General Motors*, Garden City, NY: Doubleday, 1964.

比較して、レクサスとアバロンを選択したのです。アバロンはアメリカでJapanese Buick、日本のビュイックと呼ばれている所以がまさにここに見て取れます。〝大きく、ゆったり、するするふわふわ快適、よく効くエアコン、内装機能満載、故障しなくて、さらにスタイルも良いアメ車〟とまさに日本のアメ車なのです　長年のアメ車好きのチャールスさん一家にも選ばれたのが壊れず、機能満載のアメ車というわけです。

チャールスさんは当時の「典型的なアメリカの消費者」といってよいと思います。ところが、チャールスさんに、このキャッチフレーズがピタリと当てはまったのは、1960年代から2000年代初頭だったのではないでしょうか。

その後、アメリカの消費者という社会を代表する平均的なペルソナを描くのは難しくなりました。人種構成の長期的趨勢《すうせい》、そして世代の交代が、この変化の背後にあるのです。

退役軍人「ヴェテラン」の第二の人生

アメリカの消費者を考えるときに忘れてはいけないグループとして、アメリカの成人人口の約10％を占める2000万人（2017年）のヴェテラン（退役軍人）たちがいます。

成人人口の10%を占める存在ですから、アメリカに進出する／進出した日本企業はいやおうなく認識することになりますが、そうではない日本人や日本企業にはあまり知られていない、「見えない顧客」となっているのではないでしょうか。

彼らの平均的な退役年齢は43歳です。その後40年の余生をどのように過ごすのかは、もちろんケースバイケースですが、最近では、ヴェテランがホームレスになる件数が増加傾向にあり、社会問題になっています。ホームレスになるヴェテランがいる一方で、安定した第二の人生を送っているヴェテランが大多数を占めるのも事実です。退役後、完全に引退して余生を楽しむ人もいますが、新しい職を見つけ再就職する人も少なくありません。２０１７年のヴェテランの平均収入は、年収５万ドル以上10万ドル未満がヴェテラン全体の35%、年収10万ドル以上が全体の15%、そして年収15万ドル以上が10%を占めています。[†6]

言い換えると、現在のヴェテランの６割以上がアメリカのミドルクラスの生活をしていることになります。ヴェテランが多く住んでいる州は、２０１７年の統計によると、テキサス、フロリダ、カリフォルニア、そしてヴァージニアです。

筆者の近隣に以前住んでいたアメリカ海軍のヴェテランのバイロンさんを紹介しましょう。いつでも、遠くからでも私を見つけると、大きく手をあげて「ハーイ」と挨拶してくれる、バイロンさんは２０２０年の時点で75歳になったヴェテランで、海軍では技術系の

†6 | "Profile of Veterans: 2017" prepared by United States Department of Veterans Affairs, 2019.

准尉《じゅんい》（Warrant Officer）を最後に退役しました。海軍に在籍していた時代に2回ほど、どこだかよく覚えていないけど、日本に寄港したことがあると以前、教えてくれました。

40代後半で退役してから30年間は故郷のサウスカロライナ州の実家とカリフォルニアの家を行ったり来たりして過ごしています。毎日の日課は、自宅の補修・維持に数時間を費やし、裏庭の掃除からパティオの建設、家の外装の修理・塗装、家の内部の修理等々、技術系のヴェテランらしく、すべてをひとりでこなします。

75歳になっても、毎年秋になると軽々と屋根に登り、雨どいの掃除をし、クリスマスのライトアップの設営もすべて自分でやります。年金で暮らすバイロンさんと奥さんのメアルリーさんは、将来に備えて少しでも所得が増えるように株へ投資していますが、リスクを避ける彼は、財政破綻を起こさないように慎重に実績を積んでいます。

時間的余裕のある彼の趣味は奥さんと一緒にＲＶ（キャンピングカー）で、ゆらゆらと旅行することです。キャンピングカーといっても、たまに日本でも見かけるようなＶＷ（フォルクスワーゲン）のT2みたいな小型ではなく、中型バスのように見るからに大きい、完全装備型のＲＶを所有しています。この〝バス〟の後ろに、１９８８年に新車で購入して以来ずっと使っている、自分でペンキを塗ったような青いスズキのジムニーＳＪを引っ張って、カリフォルニアからコロラドへ、そして時には故郷のサウスカロライナにゆっくり旅行するのです。

すこぶる元気なバイロンさんは、7年ほど前、68歳のときにヤマハのＡＴＶ（オフロード4輪バギー）を購入し、コロラドで友人と山の中を走り回ったり、サウスカロライナでは山に入って狩猟をするのも趣味なのです。バイロンさんはチャールスさんと違って、現代のアメ車にはあまり関心がないようです。バイロンさんの普段の車はピックアップトラックのトヨタのタコマ（Tacoma）、奥さんはホンダのＣＲ－Ｖ、機能的であれば、それでよいようです。

たまたま、２０２０年11月のはじめにバイロンさんとばったり出会いました。新型コロナ再燃の真っ最中でしたが、彼はマスクもせずに、私に握手の手を差し伸べてくれました。何かあってはいけないので、私はとっさに肘で挨拶しましたが、元気な彼は「そうだ、ＣＯＶＩＤだったね。私はＣＯＶＩＤをまったく気にしないけど、孫が学校に行けないのは問題だ」といつも通りの彼でした。

元気でアクティブなバイロンさんなのですが、同年代の奥さんは寄る年波には勝てなくなってきました。奥さんのメアルリーさんが70歳を越してからは2階建ての家の階段の上り下りが苦手になってきたそうです。そこで一大決心をして、この2階建ての家は、娘さんの家族にプレゼントし、自分と奥さんは近くに小さい平屋を見つけて、そこに1年前に引っ越しました。

さて、バイロンさんの娘さんのアンバーさんは30代半ば、旦那さんのポールさんは少し年上の、やはりヴェテランです。彼は、アメリカ陸軍のヴェテランで、自分の車のカスタマイズしたナンバープレートは〝第2小隊（Platoon 2）〟、そして自身は小隊長の少尉で退役しました。1960年代にヒットしたテレビ番組「コンバット！」のファンだった読者の方は、サンダース軍曹ではなくてあのヘンリー少尉を思い出していただければよいかと思います。ヘンリー少尉は確か第2小隊（Platoon 2）の小隊長でした。

ポールさんが乗っていた車は、義理のお父さんバイロンさんと同じトヨタのピックアップトラックですが、タコマよりはるかにでかいメイド・イン・USAの5・7リッターV8、全長5・8メートルのタンドラ（Tundra）でした。大卒のポールさんは退役した後、スーパーマーケットのステーターブラザーズの店長として第二の人生を送ることにしました。毎朝6時に家を出て、家からそれほど遠くないスーパーのマネジャーがその仕事です。

ポールさんもお義父さんのように小まめに家の手入れをし、ハロウィーンとクリスマスのライトアップには週末3日かけて、お義父さんのライトアップをはるかにしのぐ素敵なライトアップに仕上げる腕前です（図表1）。

バイロンさんと奥さんのメアルリーさんが住んでいたときから変わらない習慣は、ヴェテランの家らしく、家の外にアメリカの国旗、星条旗を毎日掲揚することですが、世代が変わって少し変化がありました。

バイロンさんの奥さんのメアルリーさんはヒスパニック系です。その血筋を引き継いだ娘さんのアンバーさんは、10月末から11月のはじめにかけてのメキシコの祝日「死者の日(day of the dead)」の飾りつけを家の外に施します。バイロンさんの時代には、この飾りつけは1回もありませんでした。この祝日は2017年封切りのピクサーの映画『ココ(Coco)』の題材になったので、お母さんの実家の影響に加えて、ひょっとすると、この映画に感化されたのかもしれません。

ポールさんの奥さんのアンバーさんは双子の子どもの面倒と送り迎えに忙しく、彼女が使うVWの家族向けSUVのナンバープレートはやはりカスタマイズで（夫婦でカスタマイズです）、そこに書き入れた意味は〝双子のウーバー〟です。

さて、勤勉で真面目なポール少尉は、その働きぶりが認められて、めでたく昇進しました。新しい職務は同じスーパーマーケットの地域マネジャーで、5店舗から6店舗をマネジメントしなければなりません。毎朝6時に家を出るのは変わりませんが、以前より帰宅が遅くなりました。クリスマスの前にいつものタンドラV8が家の前に駐車していないの

図表1｜**ポールさん宅のハロウィーン**
ヨーバリンダ、2020年10月

©Hideki Yamawaki

で、どうしたのかなと思っていると、ポール少尉は黒のメルセデス・ベンツのセダンを運転しています。クリスマスの後で機会があったので、彼に「タンドラどうしたの？」と聞いたら、「これにグレードアップしたけれど、タンドラ時代が懐かしいね」といっていました。

さて、この人たちはアメリカの大都市の郊外に住むミドルクラスの家庭ですが、バイロン・メアルリー夫妻と、彼らの次の世代であるポール・アンバー夫妻の行動の違いをもう少しくわしく観察しましょう。

若いポールさんとアンバーさんの2人は、車のカスタムプレートを通じて、自分たちが誰だかを他の人に知ってもらいたいようです。カスタムプレートは、ジョークを書く人もいるし、自分の主義主張を表す人もいるし、乗っている車について書く人もいるように、千差万別です。

ポールさんとアンバーさんは、2人の日常を、タンドラには〝第2小隊〟、VWには〝双子のウーバー〟、といった具合に表しました。さらには、アンバーさんはおとなしいお母さんのメアルリーさんとは違って、自分の人種をはっきりと意識し、死者の日の飾りつけをしています。旦那さんのポールさんは、退役直後は、軍隊時代の自分のライフスタイルにマッチする大きなピックアップトラックのタンドラを運転していましたが、新しい職場のマネジャーになった途端にイメージチェンジして、黒塗りのメルセデス・ベンツのセダンになったのです。
この2人のペルソナは、自分たちの生活に誇りをもち、それに合わせてブランドを選択していくように見えます。お父さんとお母さんは日本車ですが、2人は違う選択です。

「移民第1世代」アメリカを支える人たち

ここまでに紹介した家族経営企業の重役チャールスさん、退役軍人のバイロンさんとポールさんは、どれもアメリカのメインストリーム、いわゆるミドルクラスの人たちです。彼の数世代前の祖先がアメリカに移民として渡ってきてはいますが、この人たちはアメリカ生まれのアメリカ人です。

筆者が贔屓にしている近所のドーナッツ屋さんの話をしましょう。プレジデントドーナッツは、カリフォルニアのどの街でも見かけることができる路面商店街に、一軒は必ずあるといってよい、いわゆる小さなドーナッツ店です。カンボジアの政治・武力組織で、ポルポトの独裁・虐殺を支えたクメール・ルージュを逃れて、１９７０年代にカンボジアから両親と一緒に子どものころに移民してきた現在40代のオーナーと、やはりカンボジアからの移民である奥さんが経営しています（図表２）。アメリカの典型的な、お砂糖だらけのすごく甘いドーナッツが専門ですが、最近では、ベーグルを使ったブレックファーストもメニューに入れています。

ドーナッツなんて、どこの店で食べても同じだろうと考えるのは素人で、はっきり美味しいまずいがあるのです。このお店で出すコーヒーは、スターバックス以前のいわゆる「アメリカンコーヒー」で、透き通るくらい色が薄いけれどもカフェインは強いコーヒーを、最近とみに見かけなくなった伝統のスチロールのカップに入れてくれます。小さいカップのコーヒーとドーナッツひとつを買うと、だいたい2ドル50セントぐらいですので、スターバックスで飲むより3ドルぐらいは節約できます。

この店は年1日、クリスマスの12月25日を休む以外は毎日朝6時から開いています。アメリカでは、もっとも必要資金額が低いこともあり、このような「マム＆ポップストア（mom & pop store）」、特にドーナッツ店を開く移民1世のオーナーが多いのが特徴です。

ドーナッツ1個売りでは、売り上げが伸びないので、どのドーナッツ店でも、半ダース、1ダースの箱を用意しており、職場の同僚のために買って持っていくために1ダース、２

図表2｜プレジデントドーナッツ

ヨーバリンダ、2019年1月

©Hideki Yamawaki

ダースを買うお客さんと、私のような個人客で、朝はけっこう並びます。

　オーナーと奥さんの「夢」は、いつかは貯金が増えて引退できるようになり、2人で旅行できる日が来ることです。2人は来る日も来る日も、明け方から午後の3時すぎまで店にいるので、奥さんは新しい服とか靴とかいらないし、近くの自宅から来るための小さな中古の車で十分と、いつも口癖のようにいっています。幸いにも、コロナ危機前から、店内飲食より持ち帰りのお客さんがほとんどだったので、新型コロナの影響はあまり大きくなかったようです。いつも愚痴をこぼさず、朗らかな奥さんが「年柄年中お店にいるので、コロナの外出規制はまったく影響しなかった。私たちにとっては、この25年間毎日外出規制みたいなものだから」と笑って話してくれました。


　大きいことはよいことだと信じ、大きな家を建てて住むことは、それはそれでよいのですが、大きさにともなう問題も少なからずあるというのが現実です。その問題のひとつに家の掃除があります。チャールスさんとその奥さんは、若いときには自分たちで掃除をしたのですが、年をとるに連れてそれも億劫になりました。家の中に2つのお風呂場と4つのトイレがあるので、なおさらです。

　そこで必要になってくるのが、お掃除をしてくれる人です。公式なデータがないので見当がつきませんが、個人の住宅のお掃除で生計を立てている人がアメリカには多くいると思います。この個人宅のお掃除を職業とする人には、南カリフォルニアではヒスパニック系の女性が多く、ほとんどが口コミで職を得ています。お掃除のうまい下手、あるいは信頼度によって報酬の高さが決まります。

たとえば、チャールスさんの家の面倒をみる女性のマーラさんは、メキシコからの移民で、週1回家の隅から隅まで朝7時半から午後3時ごろまでくまなく掃除をします。彼女の手取りは1日120ドルで、月4回チャールスさんの家を掃除しに来ます。マーラさんはチャールスさんの家以外にも、その近辺で5つの家を掃除し、日曜日を除いて週6日、毎日7時間は掃除をしています。住んでいるところは、近くではなくて、車で40分から50分くらいかかるリバーサイドから毎日通って来ます。マーラさんによると、この6世帯の人たちとは長いつき合い、そしてとてもよくしてもらっているので、通勤に時間をかけて来る甲斐があるようです。

この6世帯のうち3世帯の奥さんは、マーラさんに定期的に子ども用と女性用の古着やアクセサリー、バッグ、時にはおもちゃや家具、電気製品を寄付するようで、それが、自分だけではなく、親戚、そしてメキシコに住む自分のお母さんにとても役立って嬉しいといっていました。マーラさんは、3年前に10年落ちの白いトヨタカローラを買い、今でもその車でリバーサイドから通っています。

移民1世というと、第2次大戦前の存在のように見えますが、アメリカの国勢調査によるといまだにアメリカには現役世代として全人口の13％が存在しています。こうした人々も、アメリカに進出した経験のない企業にとっては、なかなか存在を意識できない「見えない顧客」となっているのではないでしょうか。

移り変わるＭＢＡ

筆者は１９９０年から１９９７年までベルギーの大学で、経済学とビジネスの科目を、そして１９９５年から今日に至るまでアメリカの大学でＭＢＡの科目を担当してきました。この30年間だけを見ても、欧米のＭＢＡの学生のプロファイルと、卒業後の就職先は大きく変化してきています。それ以前の時期も含めて、ＭＢＡの学生のプロファイルを簡単に整理してみましょう。

１９６０年代から１９８０年代のアメリカにおいて、ビジネススクールの学生の典型的なプロファイルは、大学卒業後の職務経験が６年から７年の20代後半の白人男性でした。

卒業後の就職先は、フォーチュン500に名を連ねるようなアメリカの大企業、あるいは多国籍企業であったといえます。まさに、この時代の就職先は、MBA（Master of Business Administration）という学位名、すなわちビジネス管理の修士号に相応しい企業でした。

1980年代に入り、女性の学生が増えたものの、平均的な学生像は、それ以前の時期とあまり変わっていません。その一方、人気の就職先は、フォーチュン500の大企業からウォール・ストリートの投資銀行と金融機関、そしてコンサルティング会社へと移り変わったのがこの時代でした。当時のアメリカでは、Young Urban Professionals＋-ieを語源にもつ〝ヤッピー（Yuppie）〟と呼ばれた消費者層が出現し、MBAはヤッピーの代表として揶揄されることが往々にしてありました。

最近の若い人のファッションでヤッピーがまた脚光を浴びているようですが、当時のヤッピー消費者は、自己中心的で、財力を誇示するための消費（conspicuous consumption）をすることがそのステレオタイプでした。[†7] 当時の雑誌*Money*の記事を読むと、「ヤッピーたちは、ハーゲンダッツ、サンペレグリノの水、130ドルのニューバランスのジョギングシューズ、BMW320iといったもので識別できる」と時代の象徴として扱われたのです。[†8]

†7｜Marissa Piesman and Marilee Hartley, *The Yuppie Handbook: The State-of the Art Manual for Young Urban Professionals*, New York: Pocket Books, 1984.

†8｜"The Cost Of Living It Yup," *Money*, January 1985.

1990年代にデジタル経済へ移行するにつれ、MBAのプログラムもアントレプレナーシップとイノベーションに焦点を当てるようになり、2000年代中期には、ミレニアル世代（1980年代序盤から1990年代中盤生まれ）がビジネススクールに入学する時代が到来しました。

この世代のMBAがそれ以前のMBAと違う点はいくつかありますが、人口動態の変化を反映して、以前よりさらに多様性が進み、ビジネススクールに入学する目的が違ってきたことです。もちろん、入学生全員に変化が起きたのではなく、MBAから投資銀行・コンサルティングを目指す昔ながらの学生も多くいます。このグループは、以前は大多数を占めていたのですが、その比率が下がり、他の職種に関心をもつ学生が増え、多様化が進行した、というのが現状です。

ミレニアルの学生の関心は起業だけではなく、非営利組織、従来のMBAがいかなかった分野（たとえば、ヘルスケア、エンターテインメント、スポーツ、小売、ロジスティクス等）へと広がってきているのも特徴です。

さて、前置きが長くなりましたが、第2章で話をした2018年の日本でのプログラムに参加したMBAの学生、シンディーさんを紹介しましょう。シンディーさんはカリフォルニア出身の20代後半の黒人女性で、女性学（Women's Studies）の修士とＭＢＡの２つの学位を取得するためにビジネススクールに入学しました。

パフォーミングアートとしてのダンスの鍛錬を長い間続けてきたのですが、それを職業として将来生活していくのは、競争の厳しいロサンゼルスではとても大変。そこで、ダンスはやり続けるけれども、アートに関連した職業に就こうと、思いついたのです。なぜ女性学だけではなくて、ＭＢＡの学位もとるのかというと、やはりＭＢＡという学位のビジネスにおける価値というかご利益を信じて、いざというときのための両刀使いを考えたそうです。

２０１９年に卒業したのですが、入学前に思ったような分野には職がすぐ見つかりませんでした。シンディーさんは、いつも明るく、前向き、チャレンジ精神旺盛なのですが、将来への不安が大きく精神的な重荷となっていると語っていました。多くのアメリカの学生がそうであるように、ＭＢＡのプログラムの学費を支払うための借金も少なからずあり、将来に希望はあるものの、今をなんとか耐えようという生活を送っています。彼女は価値・信条を大切にし、自分を誇示するための消費には興味がありません。ある価値・信条を打ち出している企業・ブランドに共感し、それが直接の購買動機あるいは推進力となるようです。

また、アートのコミュニティだけではなく、自分の関心があるさまざまなコミュニティに参加し、そこで同じ関心をもつ人たちと巡り会い、コミュニケーションすることが、とても好きだそうです。

前章で紹介した2018年の日本でのプログラムに参加したので、「はじめて訪れた日本で得たことは？」と聞いたところ、即座に日本には独自のコミュニティの観念があるようで、アメリカとは違うと語ってくれました。そして、そのコミュニティを大切にするように、人々が生活しているように見えたともいっていました。

本章では、日本の読者の方々にはあまり馴染みがない、あるいは、まったく情報が伝わって来ないアメリカの一般的な消費者／ユーザーをペルソナとしてご紹介しました。そのなかでも、アメリカでヴェテランと呼ばれる退役軍人、そして移民1世の人たちを合わせると、アメリカの人口の4分の1、25％を占めているのですが、日本にお住まいの方はほとんど知らない消費者／ユーザーの層といえるかもしれません。

現地で生活された日本の方、あるいは、現地に進出し現地化を行なっている企業でないと「見えていない」あるいは「認識していない」消費者／ユーザーです。アメリカに限らずに、世界各国の市場には、このように海外からは「見えない」「見えても、様子がよくわからない」、あるいは「様子がわからないので、相手にしなかった」消費者／ユーザーが少なからず存在するのです。ターゲットを極端に絞っている企業は国内でも、こうした「認識していなかった」あるいは「相手にしてなかった」消費者／ユーザーがいることになります。

この章で読者のみなさんに伝えたかったことは、このような「見えない」「見ていなかった」消費者／ユーザーからも洞察を得ることの大切さなのです。

第4章

極端なカスタマー

個々人の行動は、すべて合理的な行動である。
1人ひとりが考え、1人ひとりが理由をつけ、
1人ひとりが行動する。

Ludwig von Mises †1

図表3に写っている男性を見てください。この人の名前は知りませんし、面識もありません。数年前に、たまたま成田空港の搭乗ゲートで待機している際に、筆者の前に立っていた若い男性です。この写真を見たときのみなさんの反応は、どのようでしょうか。「えー、何この人、どうしたの、ランドセルなんか背負っちゃって」でしょうか。それとも、「外国人だからしょうがないわね」ですか。あるいは、「あー、こういう使い方もできるん

†1｜Ludwig von Mises, *Die Gemeinwirtschaft: Untersuchungen Über den Sozialismus*, 1922. 英語版は*Socialism: An Economic and Sociological Analysis*, New Haven, CT: Yale University Press, 1951. ルートヴィヒ・フォン・ミーゼスはオーストリア学派の経済学者。オーストリア学派は19世紀末期から20世紀初頭にかけて、オーストリアのウィーンを中心として活動していた学者により提唱されました。ミーゼスの主張のひとつは、経済活動を理解するためには、個々人の行動（あるいは無行動）に焦点を当てなければいけない、つまり個人主義の重要性でした。グループあるいは集団が行動するのではなく、それを構成する個々人が考え、行動するという主張です。オーストリアのウィーン出身の経済学者には、皆さんよくご存じのヨーゼフ・シュンペーター（Joseph A. Schumpeter）がいますが、シュンペーターとミーゼスはともに、ウィーンでオーストリア学派の主流であった2人の教授、オイゲン・フォン・ベーム＝バヴェルク（Eugen von Böhm-Bawerk）とフリードリッヒ・フォン・ヴィーゼル（Friedrich von Wieser）のもとで学びました。ピーター・ドラッカーがシュンペーターの影響を受けたのは知られていますが、同様に、オーストリア学派の影響も少なからず受けているようです。ドラッカーの人間中心のマネジメントは、ミーゼスの個人自由主義とも相通じるところがあります。ナチスの台頭を逃れてアメリカに移住したミーゼスとドラッカーは、1950年代から1960年代にかけての同時期にニューヨーク大学で教鞭をとっていたのも偶然です。ドラッカーとオーストリア学派については、Richard Smith, “On the Foundations of the Drucker Vision,” in Craig L. Pearce, Joseph A. Maciariello, and Hideki Yamawaki (eds.), *The Drucker Difference: What the World's Greatest Management Thinker Means to Today's Business Leaders*, New York: McGraw-Hill, 2009 を参照してください。

だ。ランドセルのツヤって綺麗だもんね」でしょうか。既成の枠にとらわれない（この場合、写真の男性は多分「ランドセルは小学生向けの通学カバン」という日本の常識を知らない）、ランドセルの想定外の使い方です。

大人がランドセルを使うのは合理的？

この人は、これから紹介する「極端なカスタマー」の一例です。もちろん日本では、ランドセルは小学校の生徒が使うのですが、日本のランドセルは、縫製も良いのが多いし、中の仕切りも使い勝手が良いし、革製だし、サイズも大きすぎないし、バックパック代わりに使えるし、耐久性もあるので、小学生以外が使っていけないわけはないのです。つまり、この写真の男性は、日本の常識からすると「想定外の」「従来の仮定を満たさない」「常識外れで」「極端な」顧客であり、日本でカバンやランドセルをつくる企業や職人にとっては、「認識していない顧客」「見えていない顧客」だったわけです。しかし、彼にとっては、ランドセルの購入は合理的な選択だったのです。つまり、極端なカスタマーの洞察から、もしランドセルを大人が普段に使っても、それはそれで便利でなかなか良い、という

図表3｜**極端なカスタマー**

成田空港、2016年1月

洞察が導けるのです。

市場を代表する平均的なユーザーではなく、市場で極端な行動をとるユーザーを「極端なユーザー（extreme users）」と呼びます。デザイン思考では、この「**極端なユーザー」を統計上の外れ値、アウトライアーとして、データから取り除くのではなくて、むしろ、彼らの行動に注目します。**[†2] そして、彼らがなぜそのような行動をとるのだろうか、という疑問を投げかけます。

市場における「極端なユーザー」の一連の行動は、たとえば、頻繁に使う、どれでもたくさん使う、〝ディープ〟に使う、そして想定外の使い方をする、でしょう。

これに対する、他の「極端なユーザー」の行動は、たとえば、稀にしか使わない、どれも使わない、〝浅く〟使う、そして想定外の拒否となるでしょう。そして、何がこのような極端な行動を引き起こす要因なのだろうと問いかけます。

さらに、この両極端のユーザーに共通する点はあるのだろうかと、問います。これらの問いの答えから、平均的な「主流のユーザー」の行動についても洞察を導きます。以下では、この「極端なユーザー」の例を取り上げていきます。

†2 | Tim Brown, *Change by Design: How Design Thinking Transforms Organizations and Inspires innovation*, New York: Harper Business, 2009.

アメリカの信条「大きいものは良いものだ」

第3章で登場した「典型的なアメリカの消費者」チャールスさんはアメリカの車が好みだったのですが、彼の息子さんはどうでしょうか。

息子さんのロバートさんは現在50代半ばで、アメリカではインデペンデント・コントラクターと呼ばれている職業です。具体的に何かというと、カナダの食品容器製造会社の南カリフォルニア地域における営業販売代理店として仕事を請負っています。つまり、仕事請負人です。

アメリカの産業というと、日本ではすぐにシリコンバレーのハイテク企業を思い浮かべる方が多いかと思いますが、アメリカの産業構造の基盤にはこうした小規模独立（言い換えると一個人です）コントラクターが無数に存在します。ロバートさんはハリウッドの映画スターのケビン・コスナーが卒業した大学、学生数4万人を擁するカリフォルニア州立大学のフラトン校の経済学部の出身です。

ロバートさんの3人の子どもが小さかったころは、当時一家に1台といわれたほどの人気を博したミニバンに乗っていました。彼が選んだのは、アメリカの車ではなくてホンダのオデッセイ、後ろのドアがスーッと電動でスライドして開いて、子どもでなくても用もないのに何回も開け閉めしたくなる車です。

さて、2人の子どもが最近免許をとり、それぞれ自分の車をもつようになったので、このミニバンのオデッセイをもつ意味が薄れてきました。そこで、新しい車に買い替えることになりました。ホンダに乗っていたので、まずはホンダのディーラーに行って、アコードと中型SUVのパイロットに試乗したようです。しかし、最終的に選んだのはホンダではなく、ヒュンダイのSUVパリセードでした。この車はフォードとGMC（GMのSUVとピックアップトラックのブランド）のSUVに匹敵する〝でかい〟SUVで、3・8リッターV6エンジン、7人がけのシートです。

ミニバンのオデッセイが大きすぎるので、ダウンサイズするのかと思いきや、それよりさらに大きい車を買ったので、先日久しぶりにあった際に「なんでパリセード？」と聞いてみました。ロバートさんから「ファイナンスの条件が良い上に、大きいから」という明快な答えが返ってきました。言い換えると、〝安くてでかい〟から買ったというわけです。

ロバートさんのオデッセイ以前の車の選択を見ると、トヨタからボルボへ、その後はクライスラーへと乗り換えてホンダへ、そしてヒュンダイへと、すべて違うブランドを選んできました。

車の形式を見ても、最近では、ミニバンのオデッセイ（ホンダ）からSUVのパリセード（ヒュンダイ）と続き、あまり一貫性がありません。合理的な彼曰く、自分は車をただの道具として使うので、信頼できて、維持費が低ければ、それでオーケー。操縦性、性能、デザインはあまり購買要因に入らないみたいです。ロバートさんがホンダからヒュンダイに乗り換えたのは、リースの条件が良い、保証期間が長い、そしてワンランク上位の車種が買える、というのがその理由です。

お父さんのチャールスさんは、アメリカの車のもつ特徴とその伝統を信じて、日本の「アメリカ車」を含めてアメリカの車を買い続けた一方で、次の世代のロバートさんは、消費者の視点から見て購買条件が良ければ、ブランドに固執せずに、こちらのブランドからあちらのブランドに簡単にスイッチするお客さんなのです。

ロバートさんが10代20代だった時期には、すでに日本の車がたくさんオレンジ・カウンティを走っていたわけで、彼にとってはアメリカの車への想い、憧れは、それほど強くないのでしょう。ひとつだけ、彼がお父さんの志を継いでいるとしたら、「大きいものは良いものだ」というアメリカにいまだに綿々と受け継がれる信条ではないでしょうか。

車庫が満杯になるほど「安ければたくさん買う」

ロバートさんの消費者としての行動の信条は「安くて大きいものは良い」なのですが、それに加えてもうひとつあるようです。

彼は、安いものを探して店から店へ、ウォルマート（Walmart）、コストコ（Costco）、ビッグロッツ（Big Lots）、コールズ（Kohl's）、アマゾン等々を探索するのが趣味といえるほどなのです。そこで、安いものを見つけると大量に購入して蓄える、リーン、ジャスト・イン・タイムといったシステムとはまったく正反対、大昔のアメリカの製造業の在庫システムそのままです。つまり「安ければたくさん買う」が彼の2番目の消費者信条です。その結果、ロバートさんの家の車庫は、大量の在庫で満杯、車はすべて車庫の外に駐車せざるを得ない、なんともいえない状況です。

彼に、なんでそんなに大量に買うのかと聞くと、「いつ何が起きても大丈夫なように」との答えです。パラノイア的な消費者なのでしょう。トイレットペーパー、キッチンタオル、殺菌ソープがスーパーの棚から消えたコロナ危機初期の2カ月ぐらいは、親戚中に在

図表4｜NORMSレストラン
オレンジ、2020年11月

©Hideki Yamawaki

庫の品を配ったことも、ロバートさんの名誉のためにつけ加えておきましょう。

お父さんのチャールスさんは、〝アメリカの本当の日本料理〟にはよく行きましたが、ロバートさんも同様です。その一方、ロバートさんは、〝日本の本当の日本料理〟にまったく興味がないどころか、好きではありません。彼の消費者信条に反するからのようです。

ちなみに、彼のご贔屓のレストランは〝アメリカの本当のアメリカ料理〟で、フリーウェー沿いとか、大きな市外道路によくあるチェーン店ノームス（NORMS）です（図表4）。コロナ危機以前は24時間営業で、〝We Never Close（年中無休）〟と大きさと量で勝負のダイナーです。写真では、ブレックファーストのスペシャル、卵2つの料理、ハム、ソーセージ2つ、ベーコン3枚、ハッシュドポテト、それに2枚のホットケーキがついて、たったの8・99ドルと宣伝しています。[†3] タグラインは〝Bigger Meal, Better Deal（さらに大きく、さらにお得）〟と、まさにロバートさんの心をつかんで離しません。

タイガーママとフェンシング

さて、チャールスさんが住む地域から車で20分ぐらいの距離に、ヨーバリンダ（Yorba

†3｜ちなみに、図表4の写真（上）のトラックはフォード、GMCではなく、北米トヨタの旗艦、全長5.8メートルのタンドラi-FORCE 5.7L V8です。

Linda）という町があります。日本の読者の方で、ヨーバリンダの名前を聞いたことのある方は稀かと思いますし、わざわざ訪問された方は極めて少ないのではないでしょうか。人口6万8000人のヨーバリンダはロサンゼルスのダウンタウンから東南に33マイルのところに位置し、ニューポートビーチの海岸までは車で25分の距離にあります。50年ほど前までは、地域一帯がレモン農園とオレンジ農園で、日本にもレモンとオレンジがサンキストのブランドでこの町から出荷されていました。

ヨーバリンダは、こうした柑橘類の農園と、チャールスさんのような家族経営の中小企業、あるいはロバートさんのようなコントラクターに代表される市で、1990年代の半ばまでは、白人の人口比率が全米で一番高い町のひとつでもありました。この町の出身で最も有名な人物はアメリカ第37代大統領のリチャード・ニクソンで、ヨーバリンダの町の中心部の近くにリチャード・ニクソン大統領図書館・博物館があります。駐車場の横に、彼が幼少時に住んだ家と、1974年にウォーターゲート事件の後に辞任し、故郷に戻る際に、あの有名なダブルVサインをして乗り込んだヘリコプターが展示されています。

ヨーバリンダはニクソン大統領で象徴されるように、長い間全米きっての白人の町であり、共和党支持者の多い町でした。カリフォルニア州の人種別人口構成はこの40年間で大きく変わり、1980年代には大多数を占めていた白人の比率が徐々に低下して、

2000年には、その比率が50%を切るまでに低下しました。そして、この傾向が非常に顕著に現れたのが、ヨーバリンダなのです。この町で人口比率が著しく上昇したのはアジア系、特に中国、韓国、そしてインド系で、それにともない平均所得も著しく上昇しました。米国国勢調査局の統計によると、ヨーバリンダは家計所得の中央値が12万1000ドルと全米の街でも高い数値を2006年に記録して以来、その高水準を維持して、カリフォルニアで所得の高い町ニューポートビーチと並ぶほどになっています。[†4]

さて、このヨーバリンダに住むアジア系のビビアンさんとその旦那さんのエリックさん、彼らの2人の娘、アシュリーさんとナタリーさんを紹介しましょう。ビビアンさんはアメリカ生まれの2世、同じくアジア系のエリックさんはカリフォルニア大学ロサンゼルス校(UCLA)ビジネススクールのMBAプログラムに留学中に、ビビアンさんと知り合い結婚しました。以前はロサンゼルス西部に住んでいたのですが、子ども2人の将来を考えて郊外に移ることを決め、この町を選びました。

ビビアンさんの実家はロサンゼルスのダウンタウンの近くで家族経営の靴屋さんを営んでいましたが、その事業が成功したのをきっかけに、スキンケアを中心としたスパを開店しました。このお店も軌道に乗りましたが、ビビアンさんはヨーバリンダの自宅から毎日

†4｜ヨーバリンダの最新国勢調査（センサス）データは
https://www.census.gov/quickfacts/yorbalindacitycalifornia/を参照してください。

1時間かけて週4回ロサンゼルスに通勤します。

旦那さんのエリックさんはMBAを取得した後、自動車メーカーにマーケティングと市場開発の担当として入社し、自宅から30分ほどかけてオフィスに通っていました。夫婦共働きで、前出のヨーバリンダの家計所得中央値を大きく上回る裕福な家庭です。

アメリカにあっても東アジア系の家庭は、祖先の国の伝統を強く受け継ぐ傾向がありますが、ビビアンさんとエリックさんの家庭もその例外ではありません。特筆すべきは、子どもの教育です。アメリカで「タイガーママ」と呼ばれる、教育熱心、時にはやりすぎの感もあるお母さんは、子どもが小さいときから、大学入学を目指して特訓を始めます。一般的にいって、アメリカの大学に入学するためには、高校4年を通してのすべての科目の成績（GPA）、共通試験のSAT／ACTの成績はもとより、課外活動、リーダーシップ、コミュニティ活動への参加とその結果・成果が重要な決定要素となります。たとえば、カリフォルニア大学（UCシステム）に属する大学（バークレー、UCLA、サンタ・バーバラ、サン・ディエゴ、アーバイン等）に入学するためには、GPAが高いに越したことはありませんし、SAT／ACTについてもしかりです。

しかし、同じような成績とテスト結果の願書が多く出願されるので、エッセイと課外活動等々の、学業ではない部分での活動が非常に重要な決め手となってくるのも事実です。[†5]

†5｜ちなみに、2020年入学のカリフォルニア大学ロサンゼルス校（UCLA）の学部応募者数は10万8877人、合格者は1万5644人（合格率14.4%）です。入学者の人種分布は、アジア系アメリカ人28%、白人27%、ヒスパニック系アメリカ人22%、アフリカ系アメリカ人3%です（UCLAのアドミッションズ・オフィスのデータによる)。街を隔てたライバルの南カリフォルニア大学（USC）の学部応募者数は5万9700人、合格者数は9520人（合格率15.9%)、入学者の人種分布は白人30%、アジア系アメリカ人27%、ヒスパニック系アメリカ人17%、アフリカ系アメリカ人6%でした（USCのアドミッションズ・オフィスのデータによる)。このような大学入学者の人種構成は、もちろん個々の大学によって違いますが、たとえば東海岸マサチューセッツ州のボストン大学でも学部入学者の人種構成は、USCの数値とあまり差異はありません。

さて、タイガーママのビビアンさんは、この点にいち早く気がついて、2人の子どもに課外活動の機会を中学生のころから積極的に与え始めました。はじめはバイオリン、次にピアノ、それがダメならフルートと転々としましたが、ある日、2人には音楽よりスポーツのほうが合っていることに気がついたのです。

アメリカの高校生で競技人口の多いスポーツ、男子ですとバスケットボール、アメリカンフットボール、野球、陸上では、クラブに加入できても、そこでレギュラーの選手になり、大学願書のポートフォリオに、全米、地域、あるいは州でのランキングを書き込めるほどのレベルまでに到達するのは至難の業です。女子の場合でも、サッカー、ソフトボール、陸上、バレーボール等の競技人口の多いスポーツでは、同じです。

カリフォルニアの女子ですと、ゴルフを選ぶ手もあるのですが、この15年ぐらいは、特にアジア系の女子の間で人気がある。そうすると、同じようなバックグラウンドの子どもたちが競うことになるので、これも厳しい。そこでタイガーママがひらめいたのは、そうだ、競技人口の少ないマイナーなスポーツを選べば、ランキングに載る可能性が高いのでは、という妙案です。ビビアンさん、これは一刻も早く実行せねばと、アシュリーさんが中学2年生、ナタリーさんが小学5年生のときに、アメリカではかなりマイナーなフェンシングの教室に2人を通わせ始めたのです。

新しい「ビバリーヒルズ」

幸運にも、アシュリーさんとナタリーさんの姉妹は、フェンシングがとても気に入り、良いコーチにも恵まれて、上達していきました。ところが、マイナーであることの問題は、試合がヨーバリンダの近所で行なわれないことです。テニスみたいに、近隣のアナハイムで今週、ニューポートで来週、そして来月はヨーバリンダの地元で、とはいかないのです。

ところが、今さら、せっかく始めたフェンシングを止めるわけにはいきません。そこで、お父さんのエリックさんが、マーケティング部門のヴァイスプレジデントの地位にありながら、2週間ごとに金曜日の休暇をとり、週末は2人と一緒にミシガン、ノースカロライナ、インディアナ、オハイオと、地方遠征の旅に出ることになりました。その甲斐もあって、現在高校4年生のお姉さんのアシュリーさんと高校2年生の妹のナタリーさんは、全米ランキングに見事にランクインし、タイガーママの長年の想いが叶ったのです。

2021年の秋に大学に入学するための書類を提出するアシュリーさんが希望校に行けるのか、興味津々です。後日譚では、お父さんのエリックさんは、その後勤めていた会社を辞め、ヨーバリンダの隣町に、アジア系の親の間でにわかに人気が出始めたフェンシングのジムを開業しました。

ビビアンさんは非常に教育熱心で、子どもに勉強を厳しくさせるのですが、その半面、とても甘やかす傾向も見られます。1990年代には日本からの買い物客が多く訪れたサウスコーストプラザがお気に入りの買い物スポットで、最近のアジア系の富裕層と同じように、ヨーロッパのブランドが大好きなのです。子どもが入学してほしい大学は有名な大学ですし、高校3年生で運転免許をとったアシュリーさんに買ってあげた車は、テスラ3でした。

ビビアンさんは、いつもブランド品で身を固め、テスラXを運転して、自分のお店に向かいます。現在、大学進学を控えた高校4年生（シニア）のアシュリーさんと高校2年生のナタリーさんのお気に入りのブランドは、1998年にカナダのバンクーバーで創設され、ヨガ・フィットネスウェアを街着として広めたルルレモン（Lululemon Athletica）です。

ちなみにこのブランドは、アメリカの市場、特にカリフォルニアで人気が高く、2008年の売り上げは2億7000万ドルでしたが、10年後の2018年には26億4900万ドルにまで成長しました。このブランドの特徴は、製品の機能性、デザイン、そして品質が真っ先にあげられますが、その返品ポリシー、購入時に登録すれば返却にレシートが必要ないといった返品の容易さ、売り切れの品も他店から無料で郵送する、そして、無料のお直し、木曜の朝に始まるセールス等々の、カスタマーサービスも評価されています。

さて、所得水準の上昇と人種構成の変化が進行しているヨーバリンダですが、2020年11月のアメリカ大統領選挙を間近に控えた8月から、町の中心では、週末に「#Black Lives Matter」の抗議集会が開催されていました。9月に入ってからは、この抗議集会と同じ時間にそれに対抗する集会を開くトランプ大統領支持派グループとの衝突が起こりました。

すでに述べたように、ヨーバリンダは、1990年代の半ばまでは、白人の人口比率がアメリカの中では一番高い町のひとつでした。しかも、この町の出身で最も有名な人物は、アメリカ第37代大統領のリチャード・ニクソンです。ところが、最近では、アジア系のアメリカ人の間では、「新しいビバリーヒルズ」とも呼ばれているのです。

グランツーリスモ世代のテニスコーチ

ホンダのオデッセイからヒュンダイのパリセードに乗り換えたロバートさんは、彼の視点から見た車の運動性能とデザインが似たり寄ったりな場合には、取引条件次第でブランド間をスイッチするのですが、このようなお客さんとは正反対のお客さんが存在するのもまた事実です。そこで、ロバートさんと同じオレンジ・カウンティ（ディズニーランドのある有名な観光地）で生まれて育った、ジョンさんを紹介しましょう。

ジョンさんは、地元の高校のテニス部で活躍し、そのロバートさんと同じ地元の大学を卒業しました。カリフォルニア州立大学フラトン校のテニス部で選手生活を送り、ビジネスの学位を取得しました。ジョンさんはロバートさんより若く、現在30代半ばです。

彼が高校時代に憧れ、大学を卒業してテニスのコーチとなったころに想いが叶って手に入れた車があります。アメリカではアキュラ（Acura）ブランドで販売されたホンダの初代インテグラのクーペです。この１９９８年型の銀のモデルは、ジョンさんがヨーバリンダのテニスクラブへの通勤に毎日使う車で、今でこそ経年劣化でペイントが一部はげてきていますが、22年経った２０２０年でもいまだに機関良好、絶好調だそうです。彼は、いわゆる自動車マニアで、しかもホンダファンなのです。

アメリカ人には珍しく、Ｆ１のレースはすべて録画しておき、テニスのレッスンが終わってから見るのを楽しみにしているそうで、レースがある日曜日に私と会ったりすると、「結果はいうな」と口止めするくらいです。もちろん贔屓チームはホンダのＦ１エンジンを積んでいるチームです。２０２０年9月6日のイタリアＧＰで万年中位のアルファタウリ・ホンダチームのピエール・ガスリー選手が優勝したときには、泣くほど喜んで感動のメッセージを送ってきたほどです。

ジョンさんはこれほどまでにホンダというブランドに入れ込んでいるので、そう簡単に他のブランドにはスイッチしません。数年前に、アメリカでは希少な三菱ランサーのエボリューション（何番だったかは失念しました）の程度のとても良い中古がオレンジ・カウンティで売りに出たときには、プレイステーション「グランツーリスモ」世代の彼は、躊躇せずにこの車を買いました。ところが、２０１９年の11月ごろに家を買うために、もっている車を手放すことになりました。実は、彼はもう1台インテグラのタイプRももっているのですが、ホンダを手放すという発想はまったくなく、三菱ランサーエボだけが彼の車庫から出て行きました。

ジョンさんにとっては体の一部のようになっているホンダのインテグラを手放すのは、心臓を抜き取られるのと同然なので、彼にとってはそれを売るという発想はまったくなかったのです。とにかく、ホンダのエンジンの回転数が、彼の心臓の鼓動なのです。いい塩梅に、ランサーエボはアメリカではかなり希少で、買い手もすぐに見つかり、売値も良かったので、ジョンさんは2台のインテグラをキープすることができたのです。

ジョンさんは、筆者の領域でいう「極端なカスタマー」であり、平均的なカスタマーでは決してありませんが、このような極端なカスタマーの行動から役に立つ洞察を得ることができるのも確かです。そして、彼が現在購入を考えている次の車はもちろんホンダで、シビックです。２０２０年の９月はじめにジョンさんに会ったときには、彼は、開口一番、ホンダはなぜＧＭみたいな会社と提携を結ぶのか、思いを込めているホンダのブランドはＧＭとまったく合わないと、普通のアメリカ人ならば口に出さないような不平を漏らしていました。

彼のようなアメリカの「グランツーリスモ」世代には、イギリスの「グランツーリスモ」世代と同様に、欧米とは違う「日本独自」のラリーカーとツーリングカーに感動し共感した熱狂的な日本車ファンがいるのを忘れてはいけません。

セーラームーンが好きなバイオリニスト

ジョンさんと同じように、日本のゲームあるいはアニメの世界観にハマった当時の子どもとティーンエイジャーが、すでに20代後半から40代に到達しています。コスタメサに住むバイオリニストのロベルタさんもそのひとりです。

ロベルタさんはアメリカ生まれのアメリカ人ですが、彼女の両親はフィリピンからの移民1世です。ロベルタさんのお父さんはバイオリンの演奏家で、演奏家を目指す若い人たちの指導をしています。その薫陶を受けたロベルタさんは、現在は、ヨーバリンダに住むアジア系の子どもたちが多く通うバイオリンアカデミーの専属講師として、40人以上の子どもたちにレッスンをするかたわら、アズサパシフィック大学音楽学部で修士号を取得するための勉強も続けています。ロベルタさんのバイオリンの教材は、アメリカでは長い間、定番となっている「スズキ・メソード」です。

彼女が子どものころは、日本のアニメ「セーラームーン」のテレビ番組にどっぷりとつかって毎日を送っていたようで、とにかく今でもセーラームーンを心に抱いている人なのです。アメリカのヒロインとは違い、普通の中学生の女の子が変身してパワーを発揮するという世界は、彼女にとって大きな刺激になったそうです。

コンサートでバイオリンを演奏する前、緊張のあまり足がすくんでしまうようなときに、自分がセーラームーンになったつもりでいると、自然にリラックスできるようになったと話してくれました。

ロベルタさんは、特に新しいもの好きというわけではないそうですが、セーラームーンに象徴されるように、他国の文化にも違和感なく接し、適応できるようです。両親が移民1世ということもあるのかもしれません。

さて、ロベルタさんは、めでたく2019年の10月に結婚しました。結婚の相手は長い間つき合っていたアニメ関係の仕事をしている男性です。日本が大好きで、日本には仕事で頻繁に訪れている彼のアイデアで、新婚旅行の行き先は日本。2人は2019年12月から2020年の1月にかけて日本を旅行し、コロナ危機の前に無事に戻ってきました。これまでスズキ・メソードとセーラームーンだけが日本との接点だったロベルタさんにとっては、実際に日本に行って、セーラームーンによく登場する〝にくまん〟をはじめて食べ、日本のケーキを食べて、セーラームーンの世界がさらに深く広がったようです。そして、予想通り、日本の食事が大好きになって帰ってきました。

ジョンさんとロベルタさんは、グランツーリスモとセーラームーンで育った世代なのですが、だからといって日本のことをよく知っているわけではありません。ただ、彼らの言葉の端から感じ取れることは、グランツーリスモとセーラームーンは、アメリカのゲームやアニメと違う、ということです。何が違うか、彼らは明確に表現しませんが、何か「クール」で「違う」ものを感じ取れる、「アメリカの日常では考えつかない何か」を彼らは見つけたようです。

D2Cと家内制手工業

2020年4月に上梓した拙書『戦略の創造学――ドラッカーで気づき デザイン思考で創造し ポーターで戦略を実行する』の中で、世代交代が人口動態変化の主要な要因となることのひとつの例として、南カリフォルニアに住むアメリカの中学生アナさんのアクセサリーストアの話をしました。その原稿を書いた2019年の夏には、アナさんはミドル・スクール（中学校）の3年生でした。当時13歳の彼女は宿題とスポーツに追われる典型的なアメリカの中学生で、趣味は音楽を聴くことと、写真を撮ることでした。

ある日、自作のネックレスをつけていると、「素敵！」と褒められたのがきっかけで、自作のネックレスをインターネット上で売ることを思いついたのです。クリエイティブな若者に人気のあるプラットフォーム「ディポップ（Depop）」に自分のお店を開き、そこで自作のネックレスを売り出したのです。2019年の8月に開店した後1週間で、17個のネックレスの注文があったと、筆者は書きました。

さて、それから約1年以上が経ちました。高校に進学した14歳のアナさんのお店はどうなっているのでしょうか。そこで、2020年の9月中旬に話を聞いてみました。開店当初はネックレスに焦点を当てていたようですが、ピアスの需要が多いのに気づき、最近ではピアスに焦点を当てているそうです。今では、ピアスの金属部品を除いて、デザインから製作まで自分で独自に行なうようになりました。音楽を聴くのが趣味なので、ピアスのモティーフは好きなポップスやロックのグループとシンガーの楽曲、アルバムからヒントを得ています。

一番売れているのはアメリカのロックグループのマイ・ケミカル・ロマンス（My Chemical Romance）とイギリスのワン・ダイレクション（One Direction）のメンバーであるハリー・スタイルズをモティーフにしたピアスだそうで、アメリカのZ世代（通常、GenZと呼ばれる世代。1990年代半ばから2000年代前半までに生まれた世代）らしく#BLM（Black Lives Matter）のメッセージが入ったピアスもいち早く製品化しています。2019年の9月末から2020年の9月末までの販売数はディポップのオンラインストアで215点、学校の友人・先生（！）に直接販売したのが20点の計235点。ディポップのレビューでは5つ星が90件、フォロワーは588人と、趣味でやっている14歳の子どものお店としてはある程度評価できる数値ではないでしょうか。

アナさんの顧客層は同年代か少し上、13歳から20歳のティーンエイジャー、言い換えるとZ世代です。この世代は、デジタル時代に誕生し、子どものときからスマホを使い、コロナ危機以前からラップトップとiPadで授業を受けてきた中学生と高校生です。アナさんのピアスとネックレスの売れ筋から推察できるように、自分たちのコミュニティと世界をモティーフにした製品が好まれるようです。

その一方で、製品の質、デザイン、パッケージ、迅速な出荷と確実な配達、といった従来通りの「古い経済」の消費者と同じ要求を満たすことも極めて重要なようです。

アナさんに「夢は何？」と尋ねると、イギリス、オーストラリア、そして日本に進出することで、イギリスとオーストラリアはこれまで多くの問い合わせがあったので市場として期待できるからというのが、その理由です。また、日本のサブカルチャーに興味があるので、日本でも売ってみたいとのことでした。すなわち、アナさんの戦略は水平的な市場拡大をイギリスとオーストラリアで行ない、日本では独自の世界観をもつ競争にチャレンジしたい、ということになるのでしょう。

アナさんは、進歩的で、チャレンジを好む高校生です。彼女は牛乳アレルギーでもないし、肉を食べないベジタリアンでもありません。けれど、この1年ぐらいのお気に入りは、スウェーデンはルンド発のスタートアップ、オーツミルクのオートリー（Oatly!）です。オーツミルクはオーツ麦でつくられた植物性の代替牛乳で、なぜわざわざこのブランドの製品を飲むのかと聞いたところ、「地球と人類の幸福と福祉を目的としているブランドだから」とのことでした。

２００７年に東海岸のワシントン発で、サラダを専門とするファストカジュアルレストランにスイートグリーン（Sweetgreen）というお店があります。ニューヨークで多くの店舗を開き、西海岸にも進出しているこのレストランチェーンもオートリーと同じく、個人、コミュニティ、そして環境の健康をインスパイアすることをその目的とする、いわゆる〝目的主導（purpose-driven）〟型のスタートアップです。

アメリカでは、過去10年の間、ある〝目的（たとえば、コミュニティへの貢献、弱者救済のための寄付、環境保全）〟とその〝物語（ナラティブ）〟でブランディングする小さなスタートアップとそれに追随するブランドが存在感を高めているのは、ご存じかと思います。

さて、このレストランは、これまでのところ、若い創設者が示す目的と価値に共感するような人たちが多く住む町、働く町に出店を限っています。アナさんは両親とロサンゼルスの西のブレントウッドにあるお店に行ったことがあります。健康的な食事を実行している彼女はまた行きたいのですが、いかんせん彼女の家族が住むのは例のヨーバリンダなのです。このレストランは、ヨーバリンダがある保守的なオレンジ郡で今まで1件も店舗展開していないので、アナさんは今のところ、地元でこのレストランに行けないのが残念です、といっていました。

極端な行動を観察することの意味

さて、南カリフォルニアの郊外に住むさまざまな人たちを紹介しましたが、これから何がいえるのでしょうか。洞察してみましょう。

図表5は、第3章と第4章のペルソナの中で代表的な人たちのプロファイルをまとめたものです。各ペルソナの横の欄には、アメリカで一般的に使われている世代分類（ベビーブーマー〈1940年代から1950年代に生まれた世代〉、X世代〈1960年代から1970年代末期にかけた生まれたGenXと呼ばれる世代〉、ミレニアル世代〈1980年代から1990年代半ばにかけて生まれた世代〉、そしてZ世代〈1990年代半ばから2000年代前半までに生まれたGenZと呼ばれる世代〉）を記入してあります。

その右の欄は、これらの人物を表すキーワードをまとめました。その次の3列には、こ

注：筆者のインタビューに基づいて作成。本文第3章と第4章を参照。ここでは便宜上ベビーブーマーは1946年から1964生まれ、Gen Xは1965年から1980年生まれ、ミレニアルは1981年から1996年生まれ、そしてGen Zは1997年から2000年代前半生まれで区分しています。NAは不明。

	チャレンジする	進歩的	保守的	極端なカスタマー
			✓	
			✓	
			✓	✓
	NA	NA	NA	NA
	NA	NA	NA	NA
	✓		✓	✓
	✓		✓	
	✓	✓		
			✓	✓
	✓	✓		
	✓	✓		
	✓			
	✓	✓		✓

れらのペルソナに筆者がインタビューあるいは会話をしたときに聞いた、あるいは観察した、特に印象に残った特性を記入しました。この表に記されている全員が、アクティブな生活を送っています。彼らとの会話によりまず浮き出てきたのは、チャレンジを求め、それに向かう人と、変化を求めるのではなく、現状に満足し、快適で楽しい生活を求める人です。ポールさんとアンバーさん夫妻は新しいキャリアに挑戦する成長志向が強い人たちです。そして14歳

図表5｜**本書で紹介されるペルソナ**

名前	年齢	世代	キーワード（本文参照）
チャールスさん	70代後半	ベビーブーマー	60-70年代のアメリカ、ゴルフ
バイロンさん	70代半ば	ベビーブーマー	退役軍人、家、RV、ATV、狩猟
ロバートさん	50代半ば	X	安くて大きいものは良い
ドーナッツ屋さん	40代	X	将来のために節約・貯金
マーラさん	40代初め	X	将来のために節約・貯金
ビビアンさん	40代半ば	X	仕事、タイガーママ、ブランド
ポールさん	30代後半	X	退役軍人、キャリア、家、家庭
アンバーさん	30代半ば	ミレニアル	家庭、ヘリテージ、子ども
ジョンさん	30代半ば	ミレニアル	ホンダ、性能（rpm）、テニス
ロベルタさん	30代初め	ミレニアル	音楽、セーラームーン
シンディーさん	20代後半	ミレニアル	MBA、将来が不安、コミュニティ、ダンス
アシュリーさん	17	Z	フェンシング、ルルレモン
アナさん	14	Z	ディポップ、コミュニティ

のアナさんは新しいデザインのアクセサリーの製作にチャレンジしています。ロベルタさんもキャリアに真剣に取り組み、生徒数を着実に増やしています。ここでいう進歩的とは考え方が柔軟であるかどうかであり、別の言葉でいうと、開かれた心をもっているかどうかです。そして保守的、伝統的かどうかも記載しました。

最後の欄には、ペルソナが平均的な消費者から外れた行動をする消費者かどうかをインタビュー・会話の結果に基づいてチェックしました。たとえば、ロバートさんは、安いものを見つけると、必要以上に大量に購入し備蓄します。ビビアンさんとエリックさん夫妻は、娘さんのアシュリーさんとナタリーさんをフェンシングの教室に通わせていたのですが、それでは飽き足らずに、自分たちでフェンシング教室を開いてしまいました。そして、ジョンさんは、ホンダの高回転エンジンの虜で、それを追い続ける、という具合です。

この第3章と第4章の本文、そしてこの表から洞察できることは、以下のようになるかと思います。

- 人生の関心事は世代間で異なる一方、同世代の中でも異なる（ロベルタさんとアンバーさん）
- 世代は同じでも、ペルソナの心理的特性は異なる
- 世代は同じでも、極端なカスタマーと平均的なカスタマーが観察できる
- 子どものとき、若いときに感銘を受けたこと、感動したことは、大人になってから、さらには50年経った後でも思い出に残る

これは、まったく当たり前のような話なのですが、4点ほど指摘しておきます。

第一に、世代で消費者・顧客を単純に分類して、その世代向けにターゲットを合わせる、あるいはその世代の人たちをステレオタイプ化するのは間違いではありませんが、もし「人間中心」のビジネスを強調するのでしたら、少し乱暴かもしれません。同世代でも、違う心理的特性をもつ人を理解し、その違いにも着目し理解を深めるべきでしょう。

第二に、極端なカスタマーの行動を、統計上の誤差として取り除かずに、このような極端なカスタマーがなぜ存在するのか、どのような行動様式をとり、なぜ極端な行動をとるのかを洞察するのは無駄ではないでしょう。それどころか、その洞察から新しい発見を得ることもあるかもしれません。「統計上の平均的」なカスタマーではなくて、「その他大勢の」「統計から外れた」人たちを蔑ろにしてはいけません。

第三に、子ども、中学生、高校生は決して忘れてはいけないグループです。彼らは「将来の顧客」になる人たちです。この若いグループは、これから先、30年、40年、50年後にもみなさんの製品、サービス、ブランドを覚えているのです。

最後に、この3点は、消費者・顧客を理解するのは、大変な仕事であることを示唆しています。みなさんが勝手知ったる日本の消費者を理解するのでさえ大変と、お察しします。これが様子のよくわからない海外の市場だとすると、大変どころか手に負えない仕事になりえます。

つまり、海外市場に進出する場合には、その市場の消費者・顧客をよく理解し、彼らのもつ問題を解決することは、とても大きな課題となるのです。そして、彼らの希望、欲求に応える努力が不可欠となります。

もちろん、このような市場の消費者・顧客の嗜好と行動の変化とそのトレンドはインターネット上の記事、ニュースの報道を読めば知識として知ることができます。あるいは、市場調査とマーケティングのコンサルティング会社に情報を集めてもらうこともできます。しかし、**実際の体験、観察から「気づく」ことにより、はじめて、「この市場では、誰が私たちの顧客なのか？」、さらには「この市場では、私たちのビジネスは何か？」という基本的な問いに直感的に答えを出せるのではないでしょうか。**

第5章

平均的なカスタマー

人々がどのように生活しているのかを注意深く観察し、
彼らが何を欲しいのかを直感的に感じたなら、
それを受け入れる。

Akio Morita†1

ペルソナの特性を洞察しよう

ここまでの章では、デザイン思考の手法を使って、カリフォルニアの大都市郊外に住むアメリカの消費者像を考察してきました。消費者を理解するために一般的に使われる消費者の特性としては、

①人口統計的（demographic）特性：年齢、世代、性別、既婚／独身、所得
②地理的（geographic）特性：都市、地方、全国、外国、グローバル

があげられますが、本書で強調する特性はこの2つに加えて、

③行動的（behavioral）特性：購入・使用頻度、購入・使用パターン、購入・使用機会、購入動機、求めるベネフィット
④心理的（psychographic）特性：人間像、価値観、世界観、興味、態度、ライフスタイル

†1｜Akio Morita (with Edwin M. Reingold and Mitsuko Shimomura), *Made in Japan: Akio Morita and SONY*, New York: E.P. Dutton, 1986.

となります。
③の特性については、「極端なカスタマー」と「平均的なカスタマー」の説明を思い出していただければよいかと思います。④の特性を理解するポイントは、カスタマージャーニー、マインド・マッピング、そしてペルソナの作業から導かれる洞察です。
本章では、これらの特性のうち、特に③と④に着目して、第3章と第4章で紹介したペルソナたちが「したいこと」「のぞむこと」をさらに深く洞察していきます。そして、浮き上がってきた消費者の「したいこと」「のぞむこと」を仮説として提示します。

そこで得られた情報、洞察、そして気づきを統合してみましょう。前章で参照した図表5と本文をもとにして、**図表6a**をつくりました。

図表6aの2×2マトリックスは、紹介したペルソナの2つの心理的特性により分類されています。インタビューと会話から、筆者が特に明確に感じ取った特性のうち、「保守的－進歩的」と「チャレンジ－安住」の2つの特性を使い、ペルソナを分類していきます。

前者はものの見方であり、支持政党を必ずしも表していません。後者はチャレンジ旺盛、そして上昇志向というライフスタイルと願望を表しています。上の箱がチャレンジ旺盛、

図表6a｜ペルソナの特性と購買因

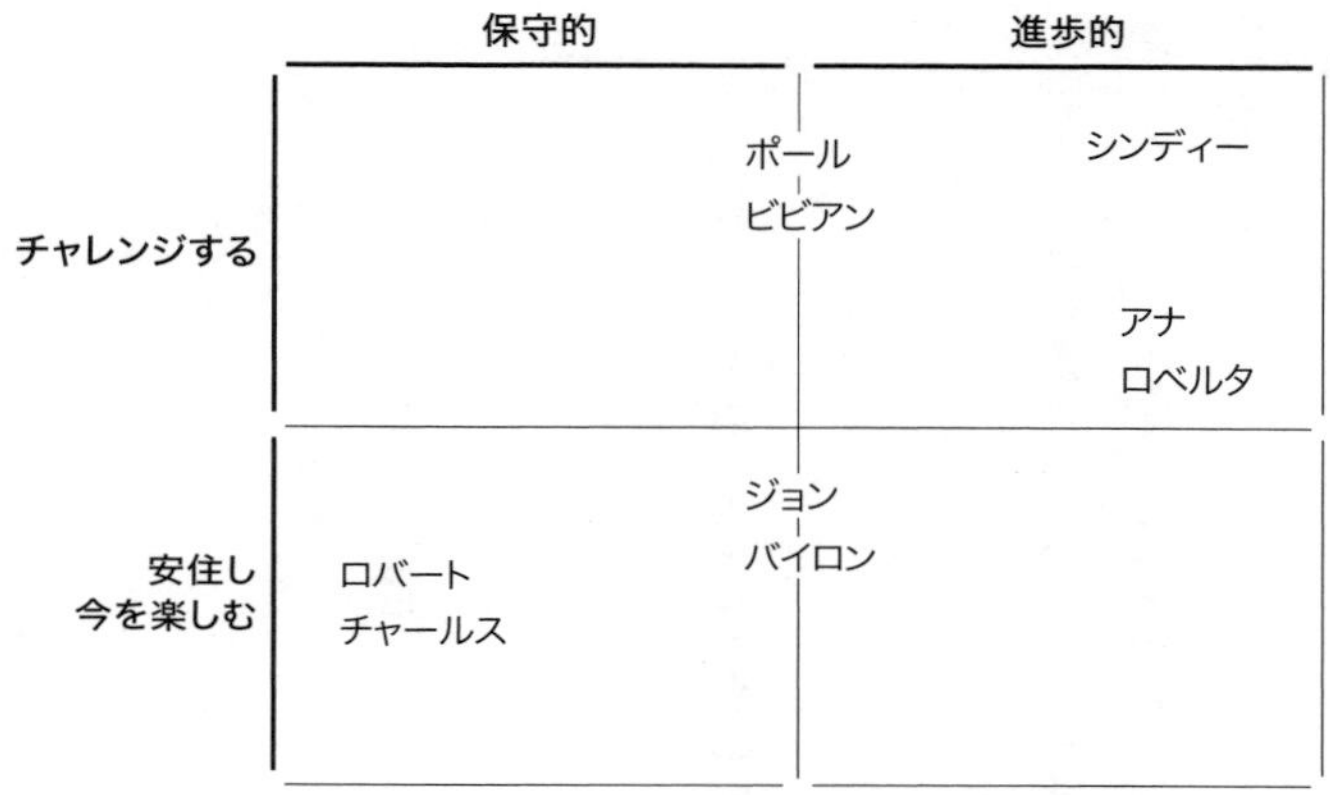

下の箱が安住し、今を楽しむ人、右の箱が開かれた心をもち、柔軟性が高い進歩的な人、左の箱は柔軟性が低く、既存の概念、意見に固執する保守的な人を表します。

そうしますと、チャレンジをし、既存の概念を重んずる、柔軟性の低い人の箱にはっきりと分類される人は見当たらないのですが、退役軍人でキャリア志向のポールさんとタイガーママのビビアンさんは、保守的－進歩的、柔軟性が高いとも低いともいえない中間に位置します。

左下の箱、既存の概念を大事にする一方、安住志向で現状に満足している箱には、大きいものは良いものだのチャールスさんとロバートさん親子が入ります。

安住志向だけれども、新しい概念を好む

人を表す右下の箱には、誰も入りませんが、柔軟性がどちらともつかないジョンさんとバイロンさんは、場合によりけり新しい概念をも受け入れる、中間に位置するでしょう。

最後に、右上の箱は、チャレンジ精神旺盛、新しい概念を積極的に受け入れる柔軟な考えの人です。この箱では、ディポップ（Depop）を使い、自分で製作したアクセサリーを彼女のコミュニティに売るアナさん、そして音楽家のロベルタさんとＭＢＡのシンディーさんが、その代表といえます。

「したいと思うこと」が購買を決める推進力

さて、次のステップは、このマトリックスを利用して、南カリフォルニアの郊外に住む人たちの願望、言い換えると、ある製品の購入を決定する際に彼らが「したいと思うこと」を考えてみましょう。この願望が、購買を決める推進力（driver）になるというのが、ここでの仮説です。

それを図表６ａのマトリックスに書き込んだのが**図表６ｂ**です。

第３章と第４章で書いたように、チャレンジ志向で自己顕示の強いポールさんとビビア

図表6b｜ペルソナの特性と購買因

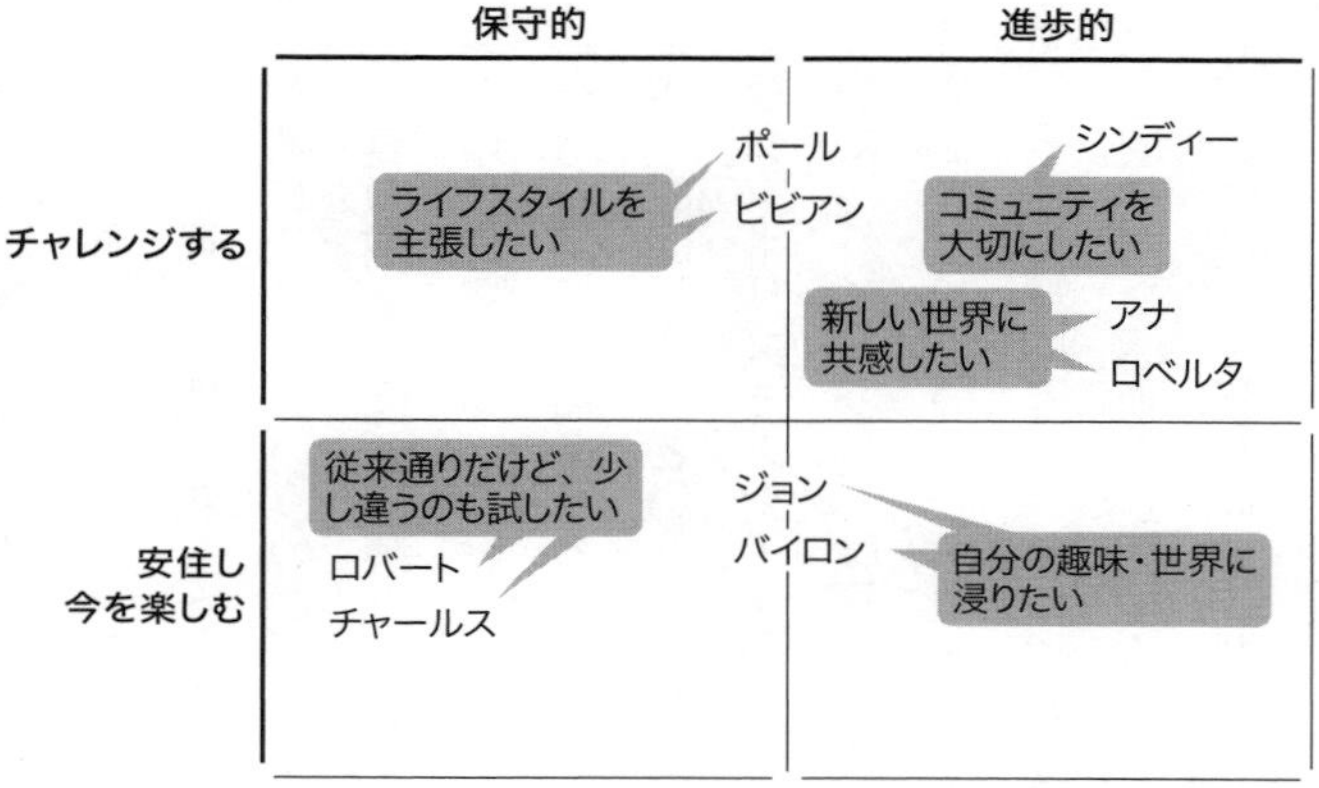

ンさんにとって、自分のライフスタイルを主張することはとても重要です。彼らにとって、チャレンジをし、その結果を具現化することが、励みになるのです。

たとえば、ビビアンさんは、ルイ・ヴィトンといったヨーロッパのブランドはもちろん好みなのですが、新しい概念と世界観をもつブランドにも購買意欲を見せます。すでに、自分と娘さんに電気自動車のテスラを2台購入しました。娘のアシュリーさんやナタリーさんも、フェンシングという自分たちのライフスタイルにぴったり合った、カナダのヨガウェアのルルレモンがお気に入りです。要するに、自分のライフスタイルを主張したいペルソナなのです。キャリアの節目で、タンドラからメルセデス・ベンツに買い替えたポールさんしかりです。

その半面、安住し今を楽しむ志向で保守的なチャールスさんとロバートさんにとっては、従来のセオリー通り、慣れ親しんだ製品を継続して買いたい、でも時には、小さなバリエーションも試してみるというのが、本心です。つまり、アメリカの車でなくとも、同じコンセプトで質の向上を図った製品（「日本のアメ車ビュイック」）であれば、受け入れる可能性が高いといえます。

純粋に右下の箱に分類されるペルソナは今回はいなかったのですが、ジョンさんはスポーツクーペ、高回転数、といった分野、カテゴリーに没頭しています。高校生のときに熱中したグランツーリスモのシーンがいまだに重要なブランド選択の要因になっているからです。同様に、バイロンさんはRV、ATV、ジムニーの分野にいまだに熱中しています。彼らに共通なのは、その分野・カテゴリーの製品には、非常にくわしい情報と知識をもっています。その分野に浸り、その世界を満喫したい人たちです。

最後に、創造的な活動をしているアナさんとロベルタさんは、考え方が柔軟であり、既存の世界観とは違った新しい世界観に共感し、そのコミュニティの人たちと話し合い、共有し合うことが、彼らのしたいことです。この2人にとっては、アクセサリー、#BLM、ハリー・スタイルズ、セーラームーン、アニメ、日本食等々のコミュニティです。

ここに登場しているペルソナが、ある製品・サービスを購入する際に、重要視する「したいこと」を記入したのが図表6bです。ポールさんとビビアンさんは、「自分のライフスタイルを主張したい」、チャールズさんとロバートさんは、2人の焦点は違うものの、「従来通りのものだけど、少し違うものも試したい」がキーワード、そして、ジョンさんとバイロンさんにとっては「自分の世界に浸りたい」が重要です。

最後に、アナさんとロベルタさんにとっては「新しい意味と世界観に共感したい」が、シンディーさんにはとっては、「コミュニティ」が購買の決定を後押しする大切な要因となるでしょう。日本の「オタク」は特にサブカルチャーのある分野に熱中、没頭する人たちを表す言葉と思いますが、この意味にとらわれなければ、アナ、ロベルタ、ジョン、バイロンもオタクっぽいといえます。

回りくどいけれど、意味がある

ここまで本書を我慢強く読まれた方の口から自然に出てくる質問は、「なんでこんなに回りくどいことするの?」ではないでしょうか。こんな七面倒臭いことしなくても、これって自明じゃない、年齢や世代で分類すればすぐわかるよね、と続くでしょう。なぜ、消費者の人口統計的特性（年齢・世代・所得などのプロファイル情報）と住居等の地理的特性を調べた後すぐに、消費者の購買要因（したいこと、のぞむこと）を考えないで、何歩も引き下がって洞察を行なうのでしょう。

この方法をとる理由は、人間一人ひとりの違いを理解し、その人の体験をその人の靴を履いてみるかのように再現することにより、購買要因を理解するためです。つまり、企業あるいは供給の側からではなくて、その反対側に位置する人、消費者・顧客・ユーザー・訪問客・観衆・聴衆・学生・患者等々の側から彼らのもつ課題、問題、悩み、ニーズ、希望、欲求を理解するためです。

消費者・顧客・ユーザーを知ることが、その市場で成功することの第一歩であるとすれば、このような面倒臭い、婉曲な方法から洞察を行ない、彼らの「したいこと」「のぞむこと」について仮説を提示するのは、決して間違いではないと思います。

図表6bでわかったように、「平均的なアメリカの消費者」の中には、多様な消費者がいるのです。当たり前ですが、購買決定の要因がその人の特性によって違うということです。そして、重要なことは、その違いを単純に、世代の違い、年齢の違い、性別の違い等から決めつけるわけにはいかないということでしょう。**1000人の消費者の平均像より**

も、**ひとりの消費者を鋭く観察し本質を探るのが、**ここでの主張です。平均像に気をとられているうちに、**本来「見えていた顧客」すら「見えていない顧客」になってしまう**ということです。

人口統計的特性が同じならば購買要因も同じ？

この点を図表6aから考えてみましょう。たとえば、チャールスさんとバイロンさんの2人の平均をアメリカの65歳以上の白人男性のプロファイルとしましょう。みなさんは、その場合に、どのような製品を開発するでしょうか。この2人の平均から考えられるのは、ある分野で先行する既存の製品の色、サイズ、品質を変えることでは、ないでしょうか。

ところが、図表6bでは、この2人の購買決定の要因は違います。既存のコンセプトから少し差別化を狙った製品は、チャールスさんには受けるかもしれませんが、少々オタクなバイロンさんには、向かないかもしれません。バイロンさんは、あるカテゴリーにくわしい知識をもち、その中で新しいコンセプトを取り入れた差別化製品にも大きな興味をもっているからです。

ジョンさん、ロバートさん、そしてポールさんの３人を見ると、この点は、さらに明確に浮き上がります。３人は35歳から50歳の大卒白人男性で括って同じターゲットに分類してもよいのですが、彼らの購買の推進力はかなり違います。

ロバートさんは安くて大きいもの、ジョンさんはかなり明確なカテゴリーとその中でのブランドのもつ違い、特性に深い理解と共感をもっています。そして、キャリア志向の強いポールさんは自身のライフスタイルの変化によって、選ぶブランドも変わっています。

ですから、〝35歳から50歳の大卒白人男性向け〟というターゲットでは無理が出るかもしれません。この３人の平均値を表すような製品を考えてみてください。

まず、価格が競争相手より低く、それに加えて、何かしらの差別化がある。しかも、ブランドもそこそこにある、といった感じになりそうです。言い換えると、焦点がボケた平凡な製品がイメージできますね。３人それぞれにとって、これは満足できる製品ではありません。

ロバートさんは価格、ジョンさんは性能とグランツーリスモの世界、そしてポールさんは自分のライフスタイルを表すブランドで、もっと尖ったものが欲しいのです。

さて、ここまでの作業をまとめると、次のようになるでしょう。

①さまざまな人々を観察し、彼らと話をし、インタビューをして、彼らの心理的特性を理解する
②彼らの体験をもとに、消費者・顧客・ユーザーの人間像、ペルソナをつくり、洞察を導く
③ある製品・サービスを購入する際に、このペルソナたちが「したい」と思うことを摘出する

①~③の手順にしたがい、なんとか潜在的な顧客がしたいこと、彼らの願望を理解しました。

第6章

アメリカの消費者が好きなドイツと日本の製品

Porsche……There is no substitute.

（ポルシェに代わるものは存在しない）

Dr.-Ing. h.c. F. Porsche AG†1

ドイツ企業を通じて考える日本企業の強みと弱み

前章ではペルソナの視点から、彼らがしたいことを洞察しましたが、本章と次章では彼らの希望をどのように叶えるのかを考えていきます。抽象的な議論は後回しにして、まずアメリカの消費者市場で、外国企業は一体何を売っているのかを、ドイツと日本の企業について観察してみることにしましょう。

経済先進国の中では、ドイツと日本の企業・産業は、いくつかの類似点があげられます。

第一に、製造業の国内総生産に占める割合が他の先進国より高く、２０１８年にはドイツで20・1%、日本で20・8%となっており、この両国では、今でも製造業が経済に占める重要性が高いのです。

第二に、競争優位性をもつ産業が、ドイツと日本で類似・重複していることがあげられます。その最たる産業は自動車産業、機械産業、精密機械でしょう。

第三に、日本は今でこそ中国に抜かれましたが、いまだにアメリカにとってはアジアの重要な貿易相手国です。ドイツは、現在でも、アメリカにとってはヨーロッパ最大の貿易

†1 | Dr.-Ing. h.c. F. Porsche AG, *There is no substitute*, catalogue, 2006.

相手国です。

アメリカの消費者市場における日本とドイツの企業は、それぞれ独自の存在感を市場で示しており、その背景には、ドイツと日本の企業が採択する戦略の違いがあると一般的にいっても過言ではないでしょう。

読者のみなさんがすぐに思い浮かぶ例は、ドイツの自動車会社と日本の自動車会社がアメリカの市場でとるポジションとそこで創り上げたブランドの違いではないでしょうか。アメリカの市場における日本企業の例だけを見るのでは、日本企業のポジションとその背後にある戦略があまりはっきり浮かび上がらないと考え、本章ではドイツ企業と比較することを通じて、日本企業の強みと弱みを考えていきます。

アメリカで有名なドイツのブランドは自動車だけ？

アメリカの消費者が彼らの目線から見て日常的に接している外国製品・サービスというのは多岐にわたり存在します。外国製品と書くと曖昧ですが、外国から輸入された製品はもちろんのこと、さらに外国の企業の所有する技術、ノウハウ、デザイン、スキル、意匠といった「無形資産」をもとに、直接投資により現地生産を行ない、そこで生産された製品をここでは考えます。

それでは、アメリカの市場におけるドイツの製品とブランドは何があるでしょうか。ドイツというと、まず頭に浮かぶのは、ＢＭＷ、メルセデス・ベンツ、アウディ、ポルシェ、フォルクスワーゲン（ＶＷ）といった自動車のブランドでしょうか。多分その後に続くのが、アディダス（Adidas）、プーマ（Puma）といったスニーカー、スポーツ用品かと思います。少し間を置いて、そうだ、日本でも馴染みのあるゾーリンゲンのツヴィリング（Zwilling）、そのブランドのひとつであるヘンケルス（J. A. Henckels）のナイフ等のキッチン用品もドイツだねと、なるのではないでしょうか。

アメリカ、そしてヨーロッパの消費者にとっていつかは欲しいドイツのブランドとしては、家電器品があげられます。日本の方はうそー、ドイツの家電？　テレビ、つくっていたっけ？　となるのではないでしょうか。

さすがに、ドイツブランドのテレビはアメリカでは現在売っていませんが、掃除機、洗濯機、乾燥機、皿洗い機、冷蔵庫といった、いわゆる白物の分野ではいまだにドイツ製品は存在感があります。掃除機ではミーレ（Miele）が、その性能と機能で高級掃除機のセグメントでは確固たる地位を築き、中級の上のセグメントの家電ではボッシュ（Bosch）

が健在、さらに、高級白物家電では、ミーレが定番の位置を築こうとしています。

アップルの製品を使う若い人たちにはサンタモニカ発のビーツ（Beats）が人気ですが、壊れやすいという評判です。そこで、品質の高いドイツのゼンハイザー（Sennheiser）も音質の良さでは負けてはいません。

まさに、このような製品とブランドのポジションは消費者の視線から見て明快な差別化、つまり、よく知られている自動車市場における、アウディ、ＢＭＷ、メルセデス・ベンツ、ポルシェがとるポジションと類似しています。

キッチン用品では、デザインの良さとメイド・イン・ジャーマニー（Made in Germany）をうたうＷＭＦも忘れることはできませんし、欧米を旅行された方は、ビレロイ＆ボッホ（Villeroy & Boch）のトイレ、洗面台を覚えているかもしれません。１７４８年創業の陶磁器の老舗ブランドとして普段使いできる高級食器をアメリカで幅広く展開しています。その一方、ビレロイ＆ボッホはセラミック製品のメーカーとしてトイレ、洗面台、バスタブなどのバスルーム用品・衛生陶器も製造しています。日本から来られた方が、トイレについているビレロイ＆ボッホのロゴを見て、食器メーカーのトイレか、と訝《いぶか》しげな顔をされるのは稀ではありません。日本でいうと、ノリタケとＴＯＴＯが同じ会社と想像していただければよいのかと思います。

新型コロナウィルスの感染により、全世界の旅行者が2020年2月以降激減しましたが、それまでは中国からの買い物客でいつもお店が混んでいたドイツのブランドとしてはリモワ（Rimowa）を忘れることはできません。

創業が19世紀末のこの会社は1950年代に製品化したアルミニウム製の旅行用ラゲージで有名になりました。いわゆるグルーヴデザインといわれ、表面が溝状になっているのがその特徴です。他社のラゲージの表面とは違うこのデザインは、リモワのラゲージをユニークなものにし、その差別化に寄与しました。

ドイツのアパレル産業は、ファッション大国のイタリア、フランスのような多くのブランドと高い認知度をもっていません。それにもかかわらず、グローバルなブランドを確立したのが、スマートカジュアル系の服に焦点を合わせているヒューゴ・ボス（Hugo Boss）ではないでしょうか。

ボスは、一部のイタリアのブランドのような高級ブランドではなく、ちょっと高いけれど普通にオフィスに着ていけるという、言い換えると、使い勝手の良い洋服を販売しています。現在のところアメリカでは、単独の路面店、百貨店、そしてオンラインの展開で、2019年のグローバルな売り上げは29億ユーロでした。

お子さんのいる家庭で欧米に住まわれた方は、そういえば、おもちゃもドイツに良いのがあったね、と思い出されるかもしれません。パズルの大手であり、ボードゲームでも優れた製品を提供するラーヴェンスブルガー（Ravensburger）、伝統的な高級ぬいぐるみのシュタイフ（Steiff）、アメリカのクリスマスには欠かせない鉄道模型で有名なメルクリン（Märklin）のブランドであるＬＧＢのサンタクロースが運転する機関車、トラクター・農業機械・建設機器・トラック・クレーン車の16分の1の精巧でリアルなおもちゃではブルーダー（Bruder）、多種多様なフィギュアと彼らが活躍する世界を高い品質と安全性で提供するプレイモビルシリーズ（Playmobil）をつくるゲオブラ・ブランドシュテーター（geobra Brandstätter）等々があります。これもあまり知られていないかもしれませんが、アメリカの子どもが日常的に口にするのが、元祖グミベアのハリボー（Haribo）です。チョコレートでは薄紫の包装のミルカ（Milka）、四角い板チョコのリッタースポーツ（Ritter SPORT）、そして、ブルーとクリーム色の包装がされているクッキーのバールセン（Bahlsen）、黄色い包装のライプニッツ（Leibniz）のバタークッキー、コーヒー豆のチボー（Tchibo）等々です。

もちろん、日本でも知られているニベア（ＮＩＶＥＡ）のスキンケア製品もアメリカでは日用必需品です。ここに記したドイツの食品のブランドはアメリカの普通のスーパー、あるいはウォルマートでも簡単に入手できます。

欧米と比較して「何か違う」世界観

図表7は、アメリカの消費財市場において、「消費者・顧客の視点から目につく」ドイツと日本の製品・ブランドの例を示しています。ここに記された企業・製品・ブランドのリストは、決して網羅的ではなく、多くの企業・ブランドがこのリストから外れています。

その一方で、このリストには、ある特定の分野に関心のあるアメリカの消費者が一般的に認知する製品・ブランドが記載されています。ドイツ発の製品とブランドについては簡単に紹介した通りです。日本発の製品とブランドに関しては、読者のみなさんはすでによくご存じと思いますので、その紹介はここでは省きます。

このリストにあげた製品・ブランドを「消費者の視点」から、以下の3つの項目に分類しました。

●伝統的な製法・意匠・デザイン・意味・味をコア・フォーミュラとした製品とブランド

●特定の部門・カテゴリーにおいて、独自の技術と商品開発力に基づく高品質、高性能、ユニークな機能あるいはデザインを消費者にアピールする製品とブランド
●加えて、欧米の企業が打ち出す世界観とは違う独自の世界観・意味を消費者にアピールする日本の製品とブランド

図表7に記載されている製品はあくまでも例ということを踏まえつつ、このリストのド

日本
キッコーマン（醤油） 伊藤園（お茶） カルビー（スナック） ノリタケ（食器） ミキモト（真珠・アクセサリー） サントリー（ウィスキー）
資生堂（化粧品） グランドセイコー（機械式時計） カシオ　G-SHOCK（腕時計） ワコール（婦人用肌着） ユニクロ（アパレル） オムロン（医療機器） TOTO（衛生陶器） 象印（炊飯器） キヤノン（カメラ、プリンター） ソニー　プレイステーション（ゲーム） トヨタ　レクサス（自動車） スバル（自動車） マツダ、日産（自動車） ホンダ（自動車、小型ジェット機） ヤマハ（ATV、スノーモビル） シマノ（自転車用部品、釣り用具） アシックス（スポーツ用品） スノーピーク（アウトドア用品） パイロット、三菱鉛筆（筆記具） エポック　カリコクリッターズ（玩具） タミヤ（プラモデル、RC）
日清カップヌードル（インスタント麺） 任天堂　あつまれどうぶつの森（ゲーム） スタジオジブリ（アニメーション） サンリオ（キャラクターグッズ） コムデギャルソン（アパレル）
ミキモト（真珠、アクセサリー） グランドセイコー（機械式時計） トヨタ　レクサス（自動車）
ソニー　プレイステーション（ゲーム） 任天堂　あつまれどうぶつの森（ゲーム） スバル（自動車） ユニクロ（アパレル） MUJI（アパレル・生活雑貨） サンリオ（キャラクターグッズ） カシオ　G-SHOCK（腕時計）

図表7｜アメリカの消費者市場におけるドイツと日本の製品・ブランドの例

	ドイツ
伝統的な製法・意匠・デザイン・意味・味をコア・フォーミュラとした製品とブランド	ハリボー（グミ） バールセン（クッキー） ライブニッツ（クッキー） リッタースポーツ（チョコレート） ビレロイ&ボッホ（食器） ツヴィリング（調理用ナイフ・器具） ラーヴェンスブルガー（パズル、ゲーム） シュタイフ（ぬいぐるみ） ファーバーカステル（色鉛筆） モンブラン（筆記具） メルクリン（鉄道模型）、シュコ（玩具・模型） リモワ（旅行用ラゲージ）
特定の部門・カテゴリーにおいて、独自の技術と商品開発力に基づく高品質、高性能、ユニークな機能あるいはデザインを消費者にアピールする製品とブランド	ボッシュ（洗濯機、乾燥機、冷蔵庫） ミーレ（掃除機、洗濯機、乾燥機、冷蔵庫） ゼンハイザー（ヘッドホン、音響製品） BMW（自動車） ポルシェ、アウディ、VW（自動車） メルセデス・ベンツ（自動車） ヒューゴ・ボス（アパレル） エスカーダ（アパレル） アディダス（スポーツ用品） A.ランゲ&ゾーネ（機械式時計） ノモス（機械式時計） グローエ（バス・キッチン・トイレ水回り品） WMF（キッチン用品） プレイモビル（玩具） ブルーダー（玩具） テヌース（書籍） タッシェン（書籍）
加えて、欧米の企業が打ち出す世界観とは違う独自の世界観・意味を消費者にアピールする日本の製品とブランド	
ライフスタイルブランド：ラグジュアリー・高級ブランド	ミーレ（掃除機、洗濯機、乾燥機、冷蔵庫） WMF（キッチン用品） BMW（自動車） ポルシェ、アウディ（自動車） メルセデス・ベンツ（自動車） エスカーダ（アパレル） A.ランゲ&ゾーネ（機械式時計） リモワ（旅行用ラゲージ） モンブラン（筆記具） タッシェン（書籍）
ライフスタイルブランド：ラグジュアリーとは別の価値、願望、関心、態度、見解を具現化	ポルシェ（自動車） アディダス（スポーツ用品）

イツの製品・ブランドを見ると、いくつかの点に気づかれるかと思います。

第一に、アメリカのスーパーマーケットで普通に買える商品として、ドイツの伝統的な製法によるクッキー、チョコレート、グミがあります。これらの製品は、パッケージに記載されている言語は英語ですが、基本的にはドイツ本国と同じデザインと色使い、同じ味、そして、一部の製品を除きますが、食品でもメイド・イン・ジャーマニー（Made in Germany）を誇っています。

第二に、特定の部門・カテゴリーにおいて、独自の技術と商品開発力に基づく高品質、高性能、ユニークな機能あるいはデザインを製品差別化の礎として、競争優位を確立しています。

第三に、このような製品差別化により、ドイツの製品とブランドは、ある部門で基本的に中級以上の価格帯（クラス）にそのポジションを定めています。例外ももちろんあります。グミのハリボー、この図表にはありませんが、ニベアのスキンケア用品、そして、低価格をその特徴とするスーパーマーケットのアルディ（ＡＬＤＩ）等です。

第四に、すでに述べましたように、ドイツの多くの製品は、ラグジュアリー・高級な製品を願望する顧客のライフスタイルに焦点を当て、この層の顧客のニーズに適した製品を提供しています。

さて、日本の製品・ブランドをドイツの製品・ブランドと比較すると、何がいえるでしょうか。

第一に、食品の分野において、日本の企業は日本伝統の味をアメリカの市場に提供するだけではなく、現地の味覚、食習慣に適応した製品も多く開発し、市場に送っています。図表7では記載してありませんが、たとえば、カルビーはかっぱえびせんの日本国内市場で10種以上のフレーバーを展開していますが、アメリカでは4フレーバーのみです。その一方で、アメリカではハーベストスナップス（Harvest Snaps）のブランドのもと、さやえんどうのスナックを展開しています。フレーバーは堂々の9種類で、現地のスーパーマーケットの棚を占拠するポテトチップス等のスナックのフレーバーに近いバラエティの品揃えです。ちなみに、さやえんどうのフレーバーをご紹介すると、うす塩（Lightly Salted）、トマトバジル（Tomato Basil）、シーザーサラダドレッシング（Caesar）、ワサビ・ランチドレッシング（Wasabi Ranch）、チリライム（Chile Lime）、パルメザン・ガーリック（Parmesan Roasted Garlic）、白チェダーチーズ（White Cheddar）、黒胡椒（Black Pepper）、南部スタイルバーベキュー（Southern Style Barbecue）と、まさにアメリカの味で市場攻略を図っています。

第二は、図表7に記入されていないブランドも含めて、いまだにたくさんの企業が日本から進出しています。もちろん、日本の読者の方はよくご存じの製品あるいはブランドです。特に、図表7の2行目の「特定の部門・カテゴリー」の欄をご覧いただけば、頷く方も多いと思います。

そして、第三に、日本発の製品とブランドは、欧米のブランドの世界観と違う独自の世界観をブランドとする企業があることにも気がつきます。たとえば、この図表に紹介されているドイツの企業は、高級、アップスケール、ハイエンド、ラグジュアリーといった言葉がそのまま当てはまるようなライフスタイルを願望する顧客の世界観をブランドとしていますが、図表7の3列目の欄に記入されている日本の企業は、このようなヨーロッパのクラシック、伝統的な世界観とは違う、日本の文化から生まれた世界観を提供しています。

この日本独特の何か違う世界が、アジアの若者、アメリカのアジア系の若者、そしてその枠を超えて、〝違いを求める〟世界の若者にも好まれていることは特筆すべきでしょう。

日本のブランドを知らない学生「Hのエンブレムの自動車は日本の会社？」

第2章で、MBA学生のために、日本で開催したレジデンスプログラムのエピソードについてお話ししました。そのプログラムを履修した学生が日本に旅立つ前に、日本についての情報と予備知識を与えるセッションを開くことになりました。

そこで、まずアメリカの学生がどれくらい日本の企業について予備知識があるのかを知るために、このセッションに参加した学生に「知っている日本の企業の名前あるいはブランドを書いてください」と出題しました。5分経ち、どの会社を記入したのか聞いてみると、ほとんどの学生が白紙状態です。配った紙をよく見ると、ひとりがToyota、もうひとりがHondaと書いています。それだけです。他の18人は白紙です。

咄嗟に、これはひどいなー、日本のブランド全然知らないの？　と思いましたが、これから日本のことを勉強しに行くのだから、まあいいかと気を取り直しました。そして、頭をよぎったのは、ひょっとすると最近では、日本企業はトヨタとホンダ以外のブランドは知られていないのかな、まさか！　という驚きです。その後すぐに、ひとりの学生が手をあげて、「あのー、Hの歪んだエンブレムの自動車メーカーは日本の会社ですか」と聞くではありませんか。もう、これはダメだと正直思いました。

ブランド資産額を毎年公表するインターブランド（Interbrand）のベストグローバルブランド2019によると、アップル、グーグル、アマゾン、マイクロソフト、コカ・コーラ、サムスン、トヨタ、メルセデス・ベンツ、マクドナルド、ディズニーがトップ10にランクされています。11位から20位にランクされたのは、BMW、IBM、インテル、フェイスブック、シスコ、ナイキ、ルイ・ヴィトン、オラクル、GE、そしてSAPでした。

その後21位から30位に続くのは、ホンダ、シャネル、アメリカン・エキスプレス、ペプシ、J・P・モルガン、イケア、UPS、エルメス、ZARA、そしてH&Mでした。つまり、グローバルブランドとしてトップ30位以内にランク入りした日本のブランドは、2019年にはトヨタとホンダだけだったのです。[†2] 先ほどの20人の学生がよほどのブランド音痴かと思ったのですが、どうやらそうでもなさそうです。

この結果を、図表7の「特定の部門・カテゴリーにおいて、独自の技術と商品開発力に基づく高品質、高性能、ユニークな機能あるいはデザインを消費者にアピールする製品とブランド」の欄に記載されている日本の製品とブランドと比べると、「なんか変だな、なんで？」という疑問が湧いてきます。日本からはこんなにたくさん、さまざまな分野で活

†2｜最新の2020年のランキングはhttps://www.interbrand.com/best-global-brands/を参照。

躍している製品とブランドがあるのに、なんでこのランキングには現れずに、学生たちも咄嗟に思いつかないのでしょうか。インターブランドのブランド資産額の推定方法に問題があるのかな、ということもありますが、それでは、20人の学生の回答はどうしてなのでしょう?

現地化、カテゴリー優勝、世界観と意味、ライフスタイル

図表7の日本の企業がアメリカの市場でとる戦略はどのようなものでしょう。

日本の企業にとって考えられる最初の策は、品質の高度化と機能性の向上といった改善を行ないつつも、できる限り現地の製品のカテゴリーにしたがい、**現地の消費者の好みに合わせてコンセプト・デザイン・色・各種機能等を現地化する**策といえるでしょう。消費者のニーズを把握し、理解しやすいという観点、さらに、目指すカテゴリーが現地に特有な場合(たとえば、〝ビュイック〟、ピックアップトラック、SUV)、現地生産は重要なポイントとなります。ピックアップトラックなどの自動車に加えて、先ほど紹介したカルビーの〝さやえんどう〟スナックの現地化もこの例です。

もちろん、企業が現地での生産を選択し、直接投資を行なう場合には、需要側の条件だけではなく、供給側の諸条件、現地経済・コミュニティへの貢献とコミットメント、貿易政策、長期的為替変動、そして政治的条件までも考慮に入れます。そして、現地化を実行する前に、すでに現地の消費者の思考・行動・ニーズをよく理解している、現地の労働条件・労働市場について深い知識と経験がある、そして現地子会社と本社の緊密な連携・マネジメントがすでに確立している等々も、現地化を成功させるために必要な条件です。言い換えると、現地化のための環境整備を行なうことが前提です。

この現地化政策と重複する場合もありますが、**既存のカテゴリー・分野に参入する、あるいは別のカテゴリー・分野をつくって、そこで優勝を狙う**というのが2番目の策です。言い換えると、**総合優勝を狙うのではなく、カテゴリー優勝を狙う**のです。ここでは、既存のコンセプトと同じだけれど、質が違う製品を提供し、**「垂直的差別化（vertical differentiation）」を行なう場合**と、デザイン、形、色、サイズ、機能、性能、コンセプト等が違う製品を導入する**「水平的差別化（horizontal differentiation）」**を行なう場合、2つの製品差別化が考えられます。また、**あるカテゴリーの中でさらに細分化されたクラス（たとえば、価格帯）に勝負をかけ、"best-in-class"を狙う作戦**もありです。

製品の質を高めて差別化を行なう垂直的差別化の例としては、故障せずに信頼性が高い車をつくる日本のメーカーの製品、たとえば、トヨタのピックアップトラックと「日本のアメ車」アバロンがあげられるでしょうし、自転車・釣り具で高い品質を誇るシマノ、婦人用肌着のワコールもその品質が消費者から高く評価されています。

水平的差別化の例としては、パイロット、三菱鉛筆に代表される日本の筆記具はそのデザイン、色、サイズ、機能、性能と、その品揃えと多種多様さでは他国企業の追随を許しませんん。筆記具の新しいカテゴリーを絶え間ないイノベーションにより創ったといえるのではないでしょうか。現在では、日本の筆記具メーカーの新しい機能とデザインに目を向けるアメリカの若い人たちの間でも人気を博しています。

もちろん、多くの企業は垂直的か水平的かの選択をしているわけではなく、消費財の場合には、やはり両方を兼ね備える傾向が多く見受けられます。たとえば、アメリカの市場におけるオムロン、資生堂、アシックス、スバルは、高い品質と同業他社とは違う機能・性能・デザインを目指しているブランドといえるのではないでしょうか。最近欧米の市場で脚光を浴びているセイコーの機械式腕時計のブランド、グランドセイコーもその高い品質とスイス製腕時計とはひと味違うデザイン・コンセプトが評価されています。

製品差別化を通じて、既存の市場にはこれまで存在しなかった製品を導入してバラエティを広げることが目的の場合、その分野・カテゴリーでの優勝を目指すわけですから、中途半端、あるいは平均的な技術、平凡な差別化、あるいは焦点がボケている製品では、優勝できません。その分野で、顧客が「これは優れて違う」「本当に良い」と感動する製品・サービスを開拓する必要があります。

図表7の「特定の部門・カテゴリーにおいて、独自の技術と商品開発力に基づく高品質、高性能、ユニークな機能あるいはデザインを消費者にアピールする製品とブランド」に記載されているもののほとんどが、この策を採択しているといえるのではないでしょうか。

3番目は、2番目の差別化と重複している部分がありますが、新しい世界観、あるいは新しい意味を創り、それを顧客にアピールする戦略です。従来とは違う世界を目指して新しい世界を創り、それを大きな差別化要因とします。

そして、図表7から浮き上がる4番目の策のキーワードは「自分のライフスタイルを表し共鳴するブランド」を創ることです。ライフスタイルでも、ラグジュアリー部門、高級部門で、アメリカのライフスタイルにマッチした日本のブランドとなると、うーん、日本発のブランドで、どれがあるかな、となってしまうのは筆者だけでしょうか。よくご存じのように、欧米市場のライフスタイル関連部門には多くのブランドがひしめき合い競争しています。この状況は、アパレル、ファッション、アクセサリー分野だけではなく、自動車、家電、住宅設備・機器、キッチン・家庭用品、時計、装飾品、家具、リネンタオル、スポーツウェア・用品、筆記具等々と多岐にわたっています。これらの分野で、日本の企業がラグジュアリーなライフスタイルのブランドを確立するのは、容易ではありません。

その一方、ラグジュアリーなライフスタイルの製品ではなくて、別の視点からライフスタイルを考えるとどうなるでしょうか。今、ライフスタイルブランドを、顧客の価値、願望、関心、態度、見解を具現化しているブランドと定義しましょう。そうすると、いろいろなブランドが当てはまるようです。第4章で紹介したアシュリーさんの愛用するヨガウェアから街着に発展したルルレモンはこの範疇ですし、アナさんが行きたいと思っているサラダのレストランのスイートグリーンしかりです。テスラはスポーツカー部門にまずは参入し、その後ラグジュアリー部門にも参入しましたが、今は中型車、そしてトラックも手がけています。単なるラグジュアリーブランドではなく、価値、願望、態度、見解を具現化しているライフスタイルブランドになってきているように見えます。古典的なライフスタイルブランドとしては、運動靴から始まって、今や多くの人の生活の一部になっているナイキ、アディダス、あるいはスウェーデンの家具イケアがあげられます。

このように考えますと、アメリカの市場で、ライフスタイルブランドとしての存在感を示している日本の製品・ブランドは少なくありません。

図表7の最後の行をさらに細分化し、図表の中に散らばっている日本の企業の製品とブ

ランドの例を再分類すると、次のようになりそうです。

- アウトドアライフスタイル：スバル、シマノ（釣り）、ヤマハ（ATV／スノーモビル）、カシオGショック（G-SHOCK）
- ゲームライフスタイル：プレイステーション、あつまれどうぶつの森
- 可愛いライフスタイル：サンリオ（ハローキティ）
- 普段着ライフスタイル：ユニクロ
- シンプルライフスタイル：MUJI

シマノは自転車部品では高品質と機能でイタリアの老舗カンパニョーロと戦い、さらにアメリカの釣り道具市場ではライフスタイルとしてのブランドを確立しています。スバルは1970年代から綿々と、日本の他の自動車ブランドとは違うことを、その水平対向エンジンと4輪駆動の機構で強調し、特に寒冷地で実績を積んできました。近年では、アウトドアライフスタイルに共感する層から始まり、その層と重複するより幅広い層へとアピールしたブランディングが功を奏しています。

そういえばカシオのGショックなんてあったね、学生時代にもっていた、という方も多

いのではないでしょうか。カリフォルニアのサーファーのライフスタイルブランドとして、綿々と新製品を導入しています。ユニクロ、サンリオ、ゲームについては、いうまでもないと思います。コロナ危機が引き金となって、MUJI USAはチャプター11を申請しましたが、基本的な製品企画とコンセプトの問題というよりも、従前のポリシーから乖離した、この数年の急速な店舗展開とオペレーションがその理由にあるようです。

図表7から浮き上がってきた3つの策「現地化」「カテゴリー・クラス優勝」「世界観」そして「ライフスタイル」の4つは、互いに相反するものではなく、むしろ、互いに補完し合い海外市場における企業の競争優位性を高めていくものと理解していただければよいかと思います。ある企業によっては、現地化とカテゴリー・クラス優勝を組み合わせて、総合優勝も狙っていきます。一方、カテゴリー・クラス優勝を客観的に評価できる機能・性能という意味だけではなく、それに新しい世界観という主観的な意味を掛け合わせている企業もあります。

そうしますと、どうやら、先ほどの20名の学生の逸話とインターブランドの結果が示しているのは、日本の企業であるトヨタとホンダ2社は総合順位で上位を獲得している、だから、学生がその名前を覚えているようです。日本の製品・ブランドは種々のカテゴリー、あるいはクラスで輝かしい成績を収めているのだけれど、そのカテゴリー、クラスに興味のない人、そのカテゴリーの製品を使わない人には目につかない、その結果として、一般の消費者にとってはスポットライトが当てられずに暗いところに置かれている、ということになりそうです。

BMWと〝Yuppie〟

ドイツ企業のアメリカ市場での戦略についてまとめた際に、そのひとつに、ラグジュアリー・高級な製品を願望する顧客のライフスタイルに焦点を当て、この層の顧客のニーズに応じた製品を提供していると、書きました。

一般的にいって、このようなポジションが観察できるのは確かですが、このポジションは高級で高品質、そして機能的な製品をつくったからといってすぐに確立できるわけではないのは、よくご承知の通りです。そこで、ここではBMWの事例から、いかにアメリカの乗用車市場で現在のブランドを確立したのかを考えてみましょう。

BMW（Bayerische Motoren Werke AG）は1916年に航空機用エンジンのメーカー

として発足し、1923年にオートバイの生産を開始し、1928年にはイギリスのオースチンセブンをライセンス製造していた他社を買収し、1929年から1932年まで、オースチンセブンのライセンス契約のもとでBMW3／15を製造販売していました。その後、1933年から自社製の6気筒エンジンを搭載した303シリーズを販売するまでに成長し、1937年から1939年にかけて製造されたスポーツカー328iの成功により、ドイツ国内での地位を確立しました。[†3] 第2次大戦前のドイツの自動車産業には、40社近くの企業が参入しており、その最高峰にはマイバッハ、そしてメルセデス・ベンツが君臨し、それを追うようにホルヒ（Horch）が高級車としての位置を確保していました。そのほか、中型車では、アドラー、アウディ、DKW、ヴァンダラー、オペル、フォード等が群雄割拠しており、BMWはその中の一企業だったのです。

言い換えると、メルセデス・ベンツは戦前から、その技術力、歴史と伝統により強固なブランドを確立しており、そのブランドはすでに世界的に知られていました。その一方で、BMWは、世界的には一般の人が知っているブランドではなく、いわばスポーツカーの328iを知っている人のみが知るブランドだったのです。

戦争が終わり、西ドイツの企業の輸出が本格化するにともない、BMWもアメリカの市場に向けての輸出を開始しました。当時は、ヨーロッパ市場はいまだに戦後の復興期にあ

†3 | Werner Oswald, *Deutsche Autos Band 2 1920–1945*, Stuttgart: Motorbuch Verlag 2001.

り、ヨーロッパの統一市場も確立していなかったので販売の急速成長は見込めず、アメリカの市場は国内市場の次に重要な位置を占めていました。とはいうものの、高級車・上級車クラスではブランドを確立していたメルセデス・ベンツとは違い、BMWのカテゴリーはとても限られていました。1960年代後期から1970年代には、BMWは基本的には〝2002〟モデルを主力(というかほぼ唯一の)モデルとしてアメリカの市場での販売活動を行なっていました。この〝マル2〟と日本で呼ばれたモデルは、本国で1968年に導入され1975年までの間に生産され、日本でも60代以上で車の好きな方なら、覚えていらっしゃるかと思います。

BMWの当時のアメリカでの広告メッセージは、ドイツのエンジニアリング、高品質、そして高性能といった車の機能面のみに限られており、車好きの人しか知らない〝知る人ぞ知る〟ニッチブランドでした。1975年にアメリカでつくられたブランドのスローガンは〝The Ultimate Driving Machine〟という車の機能そのものに焦点を当てたものであり、1979年のアメリカでの販売台数はわずか1万5000台にとどまりました。

BMWにとって好機が訪れたのは、先に触れたヤッピー世代が台頭した1980年代半ばです。ヤッピーとアメリカで呼ばれた層は、年齢が25歳から39歳で都市部に住み、当時の年間所得が4万ドルを超える、プロフェッショナルとマネジメントの職に就いている人と一般的にいわれていました。

　ヤッピーたちの人口は100万人ぐらいと当時推定され、アメリカの人口の中ではそれほど大きなグループではなかったのですが、ヤッピーに憧れる人たち、ヤッピー予備軍を入れると、アメリカで2000万人とその数は膨らみました。[†4] このような社会でのステータスを重視し、その階段を登ることをいとわない上昇志向の人たちの目に留まり、彼らの寵愛するブランドとなったのがBMWなのです。BMWは、1981年に6気筒の520i、そして1983年に6気筒の320iを導入し、それがヤッピーの台頭と重なり、ブランドを一気に確立しました。

　つまり、技術、エンジニアリング、品質、性能といった客観的な機能は、もちろん製品差別化の土台、そして、ブランド構築のための必要条件なのだけれども、十分条件ではなかったということになります。当時の裕福で、上昇志向のプロフェッショナルとマネジメント職の人たちのライフスタイルを具現化し、彼らのニーズに応えたこともブランディングの要《かなめ》となったのです。

　さて、その後、1987年に株式市場がクラッシュし、トヨタのレクサスが1989年、そして他の日本企業が高級車市場に参入し、アメリカの高級車市場は、1990年代に新

†4 | "The Year of the Yuppie," *Newsweek*, December 31, 1984.

しい時代に入りました。アメリカ市場のＢＭＷは、“The Ultimate Driving Machine”のタグラインを２０２０年の現在でも使い続けていますが、ブランディングは１９７０年代の車の性能だけを訴えるメッセージから離れ、１９９０年代には乗る人の観点からのメッセージに大きく転換しました。

アメリカのヤッピー文化の終焉とともに、ＢＭＷのブランドも失墜したのでしょうか。ＢＭＷは１９９４年にサウスカロライナ州のスパータンバーグに工場を設立し、現在では、アメリカで需要の高いＳＵＶのＸシリーズを現地化し、生産しています。世界で高く認知されるブランドに成長したＢＭＷは、コロナ危機以前の２０１９年には、全世界で２５０万台の販売記録を樹立しました。このような成長の後ろには、もちろん、客観的な品質・性能・機能・エンジニアリング・デザイン・パッケージに基づいた競争優位の重要性を無視することはできません。

しかし、ここでもう一度考えたいのは、かつてヤッピーといわれた人たちの心理的特性です。最近はヤッピーをモティーフとしたファッションがまた現れていますが、もし、ヤッピーが１９８０年代の一時的な流行であったら、ＢＭＷのブランドも一時的な流行、そして流行が終われば、廃れてしまったに違いありません。そうしますと、現在ではヤッピーという呼び方はもう使われないのですが、〝ヤッピー〟と同じ心理的特性をもつ消費者が今でも世界中に存在すると考えるのが適切なようです。

アクション重視、上昇志向、自己のライフスタイルを主張したい、自分に高い成果を期待する、自意識の高い、独立志向の人たちが、ヤッピー的消費の属性だとすると、これらの属性をもつ人は現在でも、確固として存在します。そして、この層がプロフェッショナルとマネジメントの職に携わる人たちと重複している点は、以前と変わりません。さらに重要なのは、世界を見回すと、所得の高い国々にこの層の人は必ず存在することです。

アメリカでは、ヤッピーはある世代を表す言葉として使われる傾向にありますが、ドイツでは、ある世代ではなく、こうした性格とプロファイルをもつ〝社会における特定の層〟として使われています。ですから、現在でも、ドイツでいう〝ヨッピー〟は存在しています。つまり、ＢＭＷは、世界中にいるこの〝層〟の需要に応えているのです。

ＢＭＷはスポーツカーのカテゴリーでクラス優勝できるだけの機能・性能を持ち合わせており、それに新しい世界観という主観的な意味をドイツから離れたアメリカの市場で獲得し、そこから世界的ブランドを確立したと考えてもよいかと思います。

スバルと〝LOVE〟

カテゴリーのスペシャリストが、ある顧客層のライフスタイルにアピールして共感を生み、市場での存在感を高めるという戦略をBMWに見ることができましたが、アメリカの市場で同じような戦略をとる日本の企業があります。

スバル（富士重工業〈以下、富士重工とする〉から2017年に社名変更）です。BMWは航空機エンジンの製造がその前身でしたが、富士重工の前身は中島飛行機にさかのぼります。4輪の自動車では、もちろん、スバル360が画期的でしたが、同様に元飛行機会社の意地を見せ、当時の日本のエンジニアリングを凝縮し、そして日本の競合他社と発想の違いを見せて挑戦したのが、1966年に導入した水平対向エンジン前輪駆動のスバル1000といってよいかと思います。

たまたま筆者の知人田中さんが、1967年に導入されたスバル1000スポーツを当時乗っていましたので、その遠くからでもすぐにスバルとわかるエンジン音と走りっぷりをいまだによく覚えています。若い読者の方は、このスバル1000スポーツをトミカのミニカーでご存じかもしれませんが、往年のスバル1000スポーツを知っている人の間では、いまだに話が弾む車です。ちなみに、コロナ危機で日本もアメリカも外出しにくくなっていた2020年5月のはじめごろに、日本に住む田中さんと彼の友人の山口さんに、スバル1000スポーツの思い出を語ってもらったら、なんと4日間にわたりメールのやりとりが続いたほどでした。

富士重工は1970年代の初期からアメリカの市場へ向けてスバルの輸出を本格化しました。輸出の本格化といっても、富士重工は、トヨタ、日産といった大企業ではないので、当時のBMWのように車種も限られている、ある特定のカテゴリーで戦うメーカーでした。たまたま、筆者は1978年にスバルをボストンで購入し、数年間愛用した経験があります。当時のアメリカの自動車ディーラーは、特に輸入車に関しては、コンボディーラーといわれるディーラーが多く、ディーラーのショールームの中にいくつもの競合他社ブランドが置いてありました。筆者が訪ねたボストンのディーラーもまさにそれで、スバルだけを扱うのではないコンボディーラーでした。

当時のスバルの主力（というか、BMWがそうだったように、ほぼそれだけ）はレオーネでした。レオーネはもちろん、当時からスバルはワゴンに力を入れていましたので、レオーネワゴンもショールームに置いてありました。レオーネとはイタリア語でライオンの意味ですが、アメリカの市場ではライオンのイメージとはかけ離れた、勾配《こうばい》の急な山を悠々と登る山ヤギのイメージを打ち出していました。当時のスバルのマーケティングのスタッフはさぞやご苦労されたとお察しする次第です。

さて、ショールームのワゴンには、ボディの下部に大きくローマ字で「YAMAYAGI」と書いてあって、なんか山ヤギの顔（キャラクター以前の時代ですので、ただの山ヤギです）がその文字の横にペイントされている、ディーラーの特別期間限定オプション満載みたいな車でした。

「これ、アメリカ人向けに山ヤギとペイントとしちゃったけれど大丈夫なのかしらん」と思いつつも、〝山ヤギ〟オプションは白いホイールがけっこう良さそう、寒冷地・雪用装備が便利そう、と惹かれたのも確かです。しかし、最後は、やっぱり山ヤギの顔が書いてある山ヤギ仕様はやだよなーと日和って、山ヤギの顔の描いてないスタンダードのレオーネワゴンの入手を決めました。

常時4駆ではなく、ギアシフトの横に生えているレバーで、有事の際に簡単に前輪から4輪駆動に変更できるのです。このスバルには、ボストン・ケンブリッジの冬の生活、そしてニューイングランド各地、メーン、ニューハンプシャー、バーモント、そしてニューヨークへの冬季の旅行の際、本当にお世話になりました。

さて、アメリカにおける1970年代から1980年代のスバルは、USスキーチームのオフィシャルカーとしてブランドを創り、雪山に行くならスバルというイメージだったといっても過言ではないと思います。「頑丈で、長持ちして、信頼性があり、安全」という客観的な機能性を前面に押し出して、アウトドアをライフスタイルとする人、質実剛健を重要視する人、そして、寒冷地に住む人が目を向ける、ニッチのマーケットをターゲットとしていました。

小型・中型で4輪駆動のワゴンというと、ドイツのアウディのクワトロを思い浮かべる方も多いかと思いますが、アウディは1980年代初期にアメリカの市場にはじめてクワトロを導入したものの、本格的にワゴンの販売をアメリカで開始したのは1990年代半ばになってからでした。今でこそ、アウディはデザイン、スタイル、控えめで落ち着いたイメージ、洗練、ドイツのエンジニアリング、品質を差別化の礎として、高価格帯でその地位を確立していますが、1970年代から1990年代初期にかけては、4輪駆動の小型ワゴンといえばスバルレオーネだったのです。

その後もスバルは、「頑丈で、長持ちして、信頼性があり、4輪駆動、安全」のメッセージのもとに、綿々とワゴン、SUV、そしてクロスオーバーのカテゴリーで、いわば地味に戦ってきました。スバルは、アウディ、BMW、メルセデス・ベンツや、他の企業がクロスオーバーという言葉を使い出すよりずーっと以前、クロスオーバーという言葉がないころからクロスオーバーを製造販売してきたメーカーです。

ところが、アメリカの市場での販売台数は2001年18万6000台（シェア1・1％）、2003年18万7000台（1・1％）、2005年19万6000台（1・1％）、2007年18万2000台（1・2％）[†5]、と伸び悩み、スバルらしい地味な成績でした。

ここまでの話を、先ほどのBMWの例と比べると、相通じている点があるようです。つまり、客観的な機能性が優秀で、機能面では優れていても、市場で成功するための最後の要は、いかにブランディングしていくかにかかる、ということです。

スバルは長年にわたり、「頑丈で、長持ちして、信頼性があり、4輪駆動、安全」のメッセージを前面に押し出してきたのですが、どうも思ったより売り上げが伸びない。スバルアメリカのマーケティングのヴァイスプレジデントによると、アメリカの消費者の66％がスバルを買わなかったのは、スバルというブランドをまったく認知していなかったからということでした。

そこで、2007年にスバルを実際に購入したオーナーにスバルをどう思うかと調査したところ、「頑丈で、長持ちして、信頼性があり、4輪駆動、安全」という従来のセールスポイントのどれかに惹かれて購入を決めたという人が多い一方、オーナーたちが例外な

†5｜https://carsalesbase.com/us-subaru/より算出。

く書き込んだのは“loved it（大好き）”というメッセージだったそうです。

スバルの機能に惹かれただけではなく、感情面に惹かれて購入を決めた消費者がいたことに気づいたことになります。今までは見えていなかった顧客、より正確には、見ていなかった顧客の一側面に気づいたことになります。

そこで、スバルは従来の客観的な機能と合理性に焦点を当てたメッセージから、“Love. It's what makes a Subaru, a Subaru（〝LOVE〟それがスバルをスバルにするもの）”という感情に訴えるメッセージに大きく方向転換を図りました。これが、今やよく知られている、スバルの成長軌道を決定的に変えた〝LOVE〟キャンペーンです。[†6]

もちろん、アウトバックの大型化、フォレスターをよりSUVらしくするなどの機能面の改良、ディーラーのマネジメントの改善等も地道に行なってきたようですが、やはり、〝自分だけではなくて、友情、家族、ペット、コミュニティを愛おしく思う人、弱者に手を差し伸べる人、今まで社会が忘れていた人〟にアピールするブランディングで新しいブランドを創り上げた、といえるのではないでしょうか。Subaru Love Promiseの広告の動画を見た方もいるかと思いますが、基本的なフォーマットは、人とコミュニティをLOVEでつなげる、そのお手伝いをしているのがスバル、というものです。

2020年9月の〝虐げられている犬（Underdogs）〟キャンペーンは、脚をなくした

†6 | “How “Love” Helped Kick-Start Subaru Sales in the US” by Jake Holmes, April 17, 2017, motor1.com/news/142732/Subaru-love-ad-campaignを参照。

犬の新しい飼い主を探すという活動で、その状況が30秒の中に描かれます。そして、脚を失った犬を救う活動の背景に、それを助ける人たちとそのコミュニティの助けをするスバルが、わずか数秒映るのです。

〝自己主張、自己顕示、自信、自分の成果、自意識、上昇志向〟と自分を大切にすることだけにプライオリティを置く人ではなくて、コミュニティとそこに住む人々に焦点を合わせたブランディングです。この新しい世界観は、従来の「頑丈、長持ち、信頼、4駆、安全」の世界とは違うように見えるのですが、スバルの地味だけどいざというときには信頼できて真価を発揮する製品という「いつものスバルの世界」があってこそ、この新しい世界観が創れたのだと、筆者は考えます。信頼できない、長持ちしない、丈夫でない、かっこいいだけの製品では、"Love Promise"という世界観は虚しく映ります。

スバルのアメリカの市場でのマーケットシェアは、2010年2・28%、2013年2・73%、2016年3・51%、そして2019年には4・35%へと大きく上昇し[†7]、アウトドア志向のニッチなマーケットから脱皮し、アメリカの主流のマーケットへと近づきつつあります。スバルのLOVEキャンペーンのメッセージは、"Subaru Love Promise," "Subaru Loves Pets, Loves the Earth, Loves Learning, Loves to Help, Loves to Care"[†8]。スバルレオーネからの長い道のりでした。

†7 | https://carsalesbase.com/us-subaru/より算出。

†8 | https://www.subaru.com/share-the-love.htmlを参照。

図表8a｜BMWの購買層変化

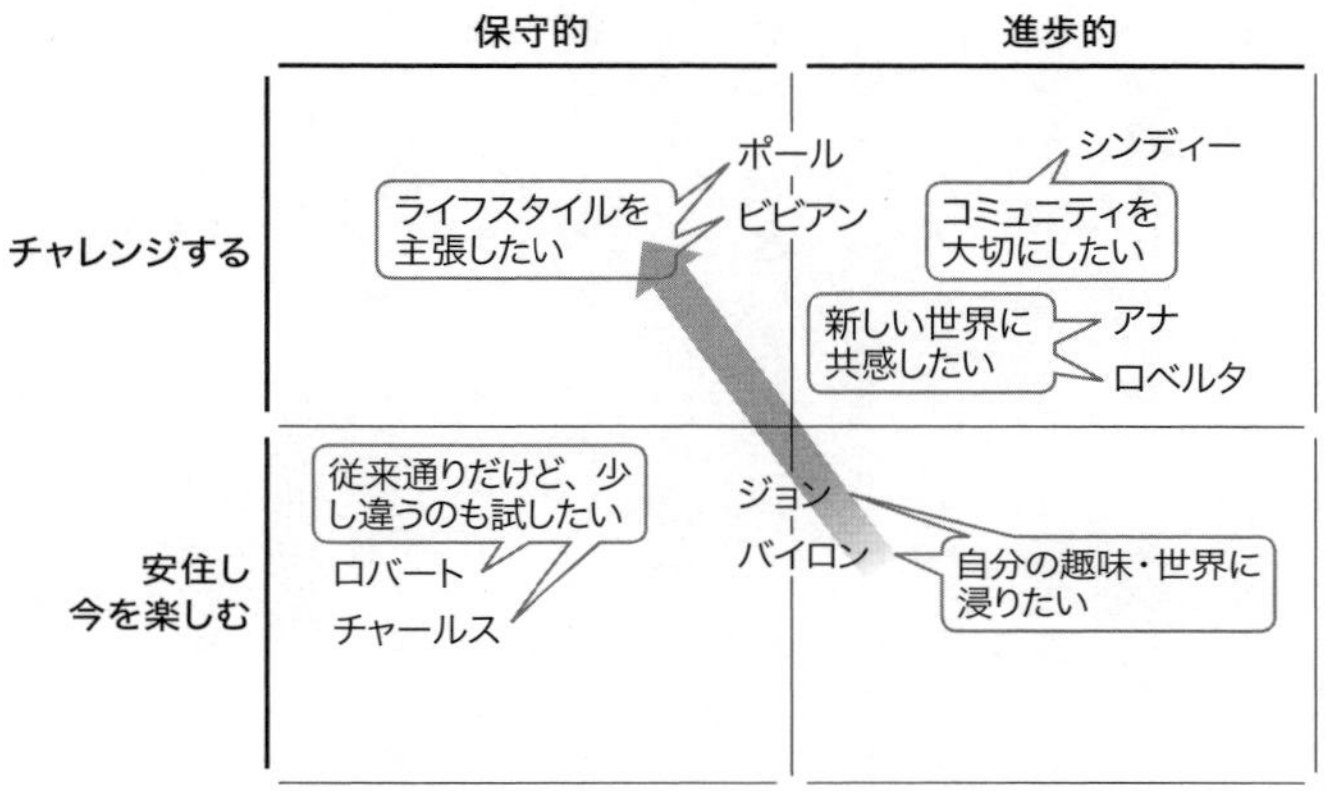

図表8b｜スバルの購買層変化

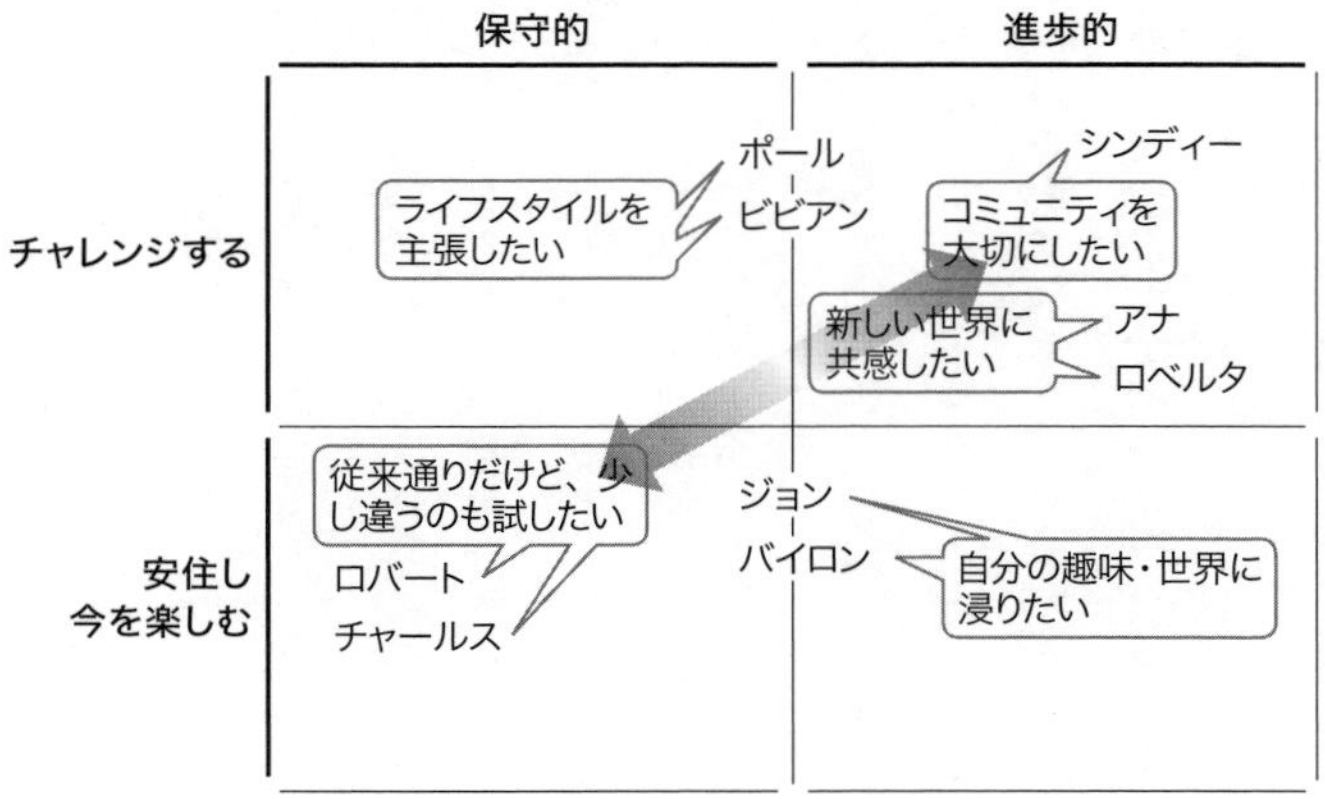

第5章では、南カリフォルニアに住むペルソナを使い、彼らが「したいこと」「のぞむこと」を考えました。そして第6章では、アメリカの消費者市場で目につくドイツと日本の製品・ブランドの現在の地位から、どのような戦略が背後にあるのかを洞察しました。そして、BMWとスバルの事例から、製品の機能そのものは重要なのだけれども、ある消費者層の〝心〟をつかむことが市場での成功を生む大きな力となることがわかりました。

BMWは「ヤッピー」という購買力のある新しい顧客を見つけ、一方、スバルはこれまでの顧客の見えていなかった購買動機（LOVE）に気づき、それをテコに新しい顧客を獲得していったといえます。

図表8aは、この点を第5章の図表6bと重ね合わせて、示しています。BMWのオリジナルのセグメントは、ジョンさんのような車好きだったのですが、1980年代半ばに、ビビアンさんとポールさんで代表される層の心をつかんだのです。

一方、**図表8b**に示されるスバルアメリカは、長年の間、アウトドアのライフスタイルの人たちのブランドだったのですが、2000年代後期から実施している〝LOVE〟キャンペーンで、シンディーさんに代表される層と、アメリカの主流の層にも受け入れられています。図表8aと8bを見るとわかるように、BMWとスバルのとった購買層拡大のための方向は違います。これは、両者の製品の特性が違うことを反映して、何を（What）、どのように（How）、誰に（Who）、どこ（Where）でアピールするのかが違うからです。

第7章

世界は平ら？

とても簡単なことですよ、アンジンさん。
あなたの世界観をただ変えるだけのことですよ。

James Clavell[†1]

さて、第6章の図表7に載っている日本のブランドの位置を図表6bで調べて、筆者がどうだこうだと議論を展開してもよいのですが、それではみなさんのお役にあまり立てないでしょう。それよりもむしろ本書では、みなさん自身の手で、関心のある市場の消費者と話をし、観察し、そしてペルソナをつくり、そして図表6bのような「地図」をつくり、彼らを理解することが大切であると考えます。[†2]

†1｜James Clavell, *Shōgun: A Novel of Japan*, New York: Delacorte Press, 1975.

†2｜読者の中には、図表6の軸はどのように決めたらよいのだろうと、疑問を抱かれる方も多いかと思います。率直にいうと、はっきりとした方法があるというわけではありませんが、いくつかのステップを踏んで軸を決めるのがよいかと考えます。

①いろいろな人から話を聞き、あるいはインタビューをした後、特に印象に残ったことを書き留める。特に、その人の心理的特性、あるいは、真にしたいこと、のぞむことに焦点を合わせる。
②その人たちの心理的特性、したいこと、のぞむことを表にまとめる。
③チームでの作業の場合には、メンバーにも同様な表を作成してもらう。
④表ができたら、それをチームのメンバーで共有する。Zoom等のオンラインでの作業でもよいのですが、理想的には、大きなホワイトボードが数面の壁に貼られた部屋で、チームのメンバーのつくった表から、プロジェクトの課題から見て大切と考えられるペルソナの心理的特性を選びます。ここでは、メンバーが互いに語る話が重要なポイントとなります。ストーリーテリングを通じて、ペルソナの特性を抜き出し、2X2のマトリックスを作成していきます。
⑤マトリックスをつくる作業は、簡単にできるというわけではなくて、いくつもの特性を組み合わせて、試行錯誤を繰り返すのが通常です。最終的には、プロジェクトの課題、再課題を明確化できるマトリックスをいくつか製作してみます。

すでにプロジェクトの課題が明示されており、問題が特定化されている場合には、マトリックスの軸は細かく設定できる傾向にあります。本書の図表6bは、特定の課題と問題を意識していないため、軸は大まかで、一般的な特性を使用しています。

消費者の「地図」から欲求を理解する

この地図、図表6bをつくる作業はなかなか手間がかかるので、何か他の方法はないかなと思われる方も多いのではないでしょうか。いろいろな人にインタビューし、彼らのカスタマージャーニー、マインド・マッピング、そしてペルソナをつくり、やっと図表6bに到達するのですが、これらの過程を省いて、たとえば、マズローの提示する人間の基本的欲求の階層理論[†3]を応用した消費者の基本的欲求の階層をつくり、それを縦軸にするという方法をとることもできないわけではありません。[†4]

その場合、作業の手間が大幅に省けるのですが、作業の途中で浮き上がってくる洞察、課題、問題も素通りしてしまうので、表面的には消費者を理解できているように見えますが、個々のペルソナが考えていること、感じていること、そして彼らが本当に「したいこと」「のぞむこと」はわからないでしょう。

地図ができ上がったら、みなさんの企業、ブランド、製品、サービスが、その地図のどこらへんに位置しているのか、あるいは、まったく地図に載らない場所にいるのかを確認

†3 | A. H. Maslow, *Motivation and Personality. A general theory of human motivation based upon a synthesis primarily of holistic and dynamic principles*, New York: Harper & Brothers, 1954.

†4 | たとえば、Deepa Prahalad and Ravi Sawhney, *Predictable Magic, Unleash the Power of Design Strategy to Transform Your Business*, Upper Saddle River, NJ: Wharton School Publishing, 2010.

していただきたいのです。

この地図は、業種によっても違うし、国によっても違うでしょう。また、地図の上に描き込まれた出発点も、これから目指す先もいろいろでしょう。そして、今日描いた地図と、1年後に描く地図は違うかもしれません。けれども、問いは、いつも同じです。「私たちの顧客は誰だろう?」、そして「私たちの目的はなんだろう?」です。

次のステップでは、でき上がった地図をもとに洞察を進めます。例をお見せしましょう。第5章の図表6bで表されているペルソナのしたいことをさらに凝縮し、清書すると**図表9**のようになるのではないでしょうか。図表9は、南カリフォルニアのペルソナの物語から4つの顧客の欲求を抽出しました。

①機能の欲求（性能、品質、耐久性、信頼性、安全性）
②所属の欲求（人とのつながり、会話、コミュニケーション、コミュニティ、新しい世界）
③自己充足の欲求（快適、楽しみ、満足）
④自己充足の欲求（自尊心、強さ、達成、評判、名声、承認）

①の機能性のニーズは、客観的に評価できる欲求ですが、②から④の欲求は主観的な欲

図表9｜ペルソナの4つの欲求

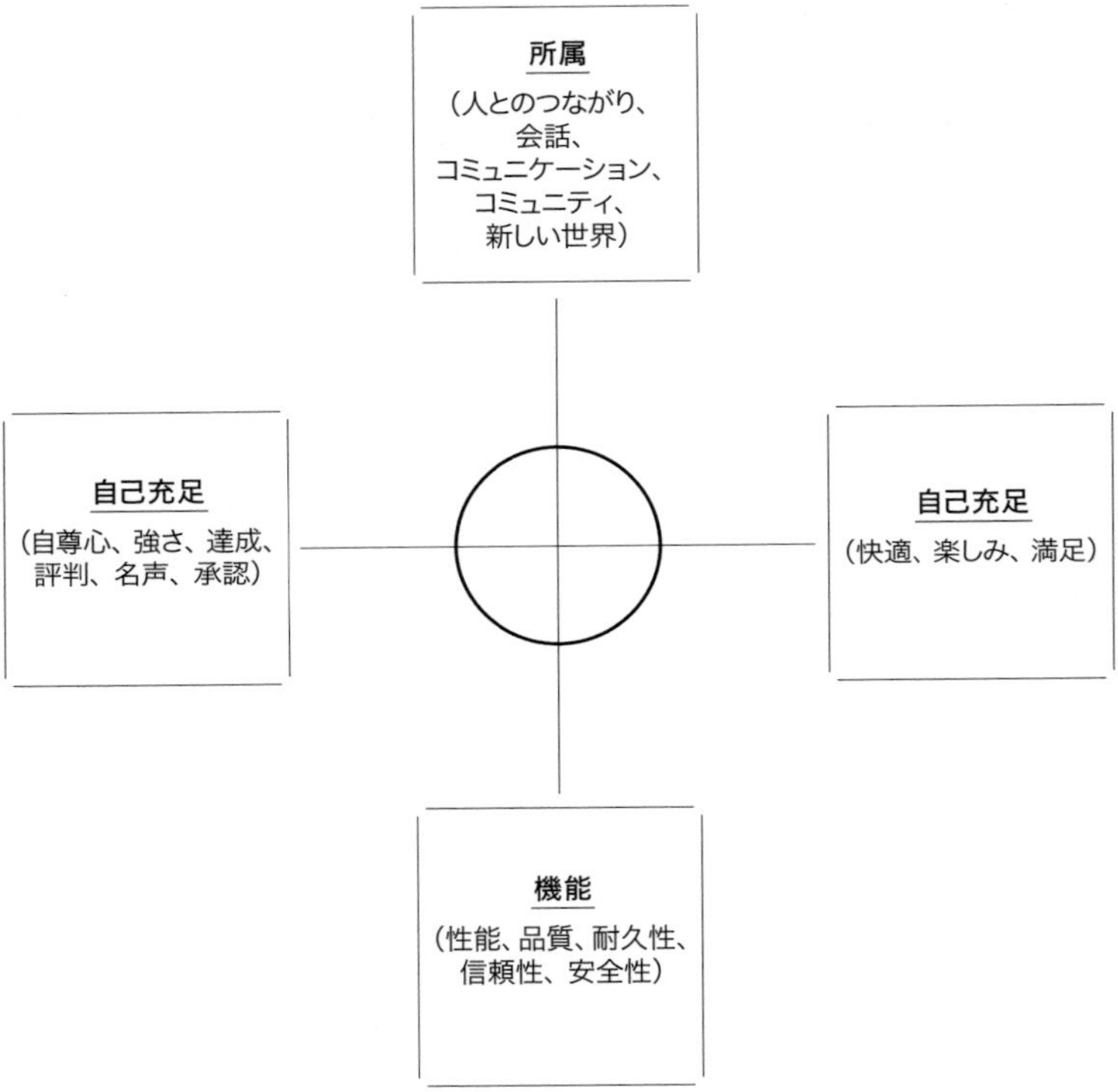

求です。③は自己の生活の中で、その生活のレベルを高めていく欲求、④は自己を高めて、その結果、社会、組織から承認されたいという欲求です。ですから、③と④は自己充足の欲求ではありますが、③の欲求は④の欲求よりは物質的、モノ的ともいえます。

「違い」に欲求が潜んでいる

ペルソナの例で見たように、欲求は人それぞれです。②の所属の欲求は、シンディーさんとアナさんに見られたように、あるコミュニティに所属し、そこでコミュニケーションをとり、新しい世界を探求する欲求といえます。チャールスさん、バイロンさん、ジョンさん、そしてポールさんのニーズは、③と④の自己充足的な欲求でしょう。チャールスさんとバイロンさんは、それぞれの生活での快適さ、満足を求める一方、ポールさんは、自己の目標達成、他人からの評価、承認、社会での地位等の感情的と社会的な欲求の両方があるといえます。ビビアンさんも同様で、自己充足の欲求は彼らのライフスタイルにも表れています。[†5]

アメリカの市場で、1970年代から2000年代まで、スバルへのニーズは車の機能

†5 ここでの分類は、マズローの提示する人間の基本的欲求の階層理論も参照にしています。A. H. Maslow, 1954, op. cit. 本書では、南カルフォルニアに住む実在のペルソナの物語から彼らの欲求を推論しています。

性とアウトドアのライフスタイルに対するものが強く、スバルアメリカのブランディングもその層を目指していました。ところが、このニーズだけではなく、もっと幅広い欲求にアピールするようにブランディングを変え、所属の欲求にもアピールした結果、機能性に重点を置いたニッチブランドから、目的型のブランドへと変身したのは、第6章で紹介した通りです。

日本で新しい顧客を発掘し、市場を創造し、さらに、世界に飛躍しようとする場合に、残念ながら、大きな問題にぶつかることが往々にして見受けられます。言い換えると、世界の消費者・顧客を理解し、彼らの心をつかむ必要性については、図表9の上ではよくわかるけれども「言うは易く行なうは難し」、なのです。機能の欲求については、理解できる。でも、海外の市場の顧客のライフスタイルについては、彼らの生活をよく知らないから、ちょっと難しい。そして、自己充足的な欲求、所属の欲求になると、とっても厳しいな、となるのではないでしょうか。つまり、遠く離れた日本にいると、この欲求がよく見えてこないのです。

その大きな理由のひとつは、**日本との生活様式の違い、行動様式の違い、嗜好の違い、言語の違い、社会の違い等々、「違い」が、いたるところに存在していることによります。この「違い」にその地域の方々の欲求が潜んでいると考えるのはあながち間違いではない**

と思います。この違いについて本書の編集者とやりとりしていると、次のようなコメントをもらいました。「国内で恐縮ですが、個人的には北海道の味噌ラーメンやスープカレー、九州のニンニクがデフォルトで、細麺と豚骨ベースのラーメンや水炊きを見ると、気候、風土、農業の違い、それぞれ地域の人が食に対して何を求めているかがすぐに思い浮かびます」とありました。

このコメントは、取るに足らない指摘と思われるかもしれませんが、実は、これこそが筆者がここで指摘したかった点なのです。筆者の住むロサンゼルスの近郊には、この10年の間に、ラーメン屋さんが雨後《うご》の筍《たけのこ》の如くに開業しています。ある意味、南カリフォルニアでは、ラーメンはすでにピザ、ハンバーガー、タコスと並ぶファストフードの一角を形成しつつあるといってもいいすぎではないでしょう。ところがです、東京生まれの筆者にとっての問題は、ニョキニョキ出てくるラーメン屋さんのどれもが、どうしたことか濃厚豚骨ベースのラーメンを出すお店なのです。

こうしたお店のメニューに醤油ラーメン、ましてや味噌ラーメンが載っていないことは稀ではありません。なぜ南カリフォルニアで豚骨ラーメンが主流で、醤油と味噌は傍流なのでしょう。このラーメンブーム以前に、ラーメンをわざわざ食べていたのは日本人と日系人だけだったのですが、最近では、アジア系の若者だけでなく、ヒスパニック・ラテン系、さらに白人もラーメンをすするのです。どうやら、この幅広いカスタマーに受け入れられているのが、こってりとクリーミー、そのためお腹がいっぱいになるスープなのでしょう。

客観的な違いよりも直感的な違い

しかも具合が悪いことに、このような違いは、程度の違いはあるものの、世界中のすべての国の間だけではなく、国内の地域の間にも存在しているのです。つまり、世界に進出する際の**大きな課題の本質は、つまるところ、この「違い」を理解し、どのように対応していくのかにある**といってもいいすぎではありません。

国際的なビジネスの観点から、ある国とある国の「客観的な違い」を認識するための方法はいくつかあり、その一例として、次のようなことに注目します。

- 文化（言語、宗教、社会的規範、権力構造、行動様式、個人主義 - 集団主義、女性の地位、少数派民族の存在と地位、人種構成、社会のネットワーク）

- 社会制度（憲法、法律、規制、政治・経済・司法制度）
- 経済条件（自然資源、人的資源、金融資源、インフラストラクチャー、消費者所得、情報・知識の集積、人口規模と構成）
- 地理的条件（気候、国土、地形、位置、交通・通信網へのアクセス、隣国との国境環境）

この分類に基づいて正確なデータ、客観的な情報を集め、その分析を通じて、国家間の違いと距離、そして種々の「客観的な違いと類似の点」を分析することは必要ですし、有意義です。[†6]

ところが残念なことに、これらの客観的な情報から、どの程度まで現地の消費者の悩み、課題、欲求、希望等の主観について理解できるかとなると、かなり限られている、といわざるを得ません。つまり、現地の顧客の姿を見ることができないのです。

データには現れない「直感的な違い」が、往々にして、新しい市場、さらには世界に進出する際に極めて重要な意味をもつことはよく知られています。身をもって感じとる違い、体験によって知る違い、あるいは、実際に見て、聞いて、聞き取りをして、一緒に仕事をして、食事をして、肌で感じ取った「体験上の違い」あるいは「直感的な違い」が重要な意味をもつのです。世界の市場に進出する場合には、特に、この身を以《もっ》て知る「体験上の

†6｜たとえば、Geert Hofstede, *Culture's Consequences: Comparing Values, Behaviors, Institutions, and Organizations Across Nations*, 2nd Edition, Thousand Oaks: Sage Publications, 2003.

違い」「直感的な違い」が大切です。

言い換えると、みなさんが実際に、自分で体験して知った、空気で感じて覚えた、一生忘れない、日本と他国の市場の違いです。これは、正確なデータや客観的な情報からは見えてこない類《たぐい》のものだと理解してください。

海外（あるいは、国内）を旅行して、そこに住んで、ある決定的な違いに「気づき」、なにかを発見した瞬間というのは、読者の多くの方にとっても思い当たる節があるのではないでしょうか。そして、その瞬間が10年前であっても、40年前であっても、いまだにその瞬間を覚えておられるのではないでしょうか。このひらめき、「気づき」の瞬間というのが非常に重要です。そして、その体験、感触が、世界へ進出するための理論を考えるための、はじめの一歩となるのです。

現地の消費者が考えていること、感じていることは、現地の人と話して、観察してはじめてわかることが多く、その瞬間に体験する「あっ、こんなことが違うんだ」といった気づきが思わぬ転機につながることがあります。先に述べた「客観的な違いと類似」が国際ビジネスに及ぼす影響については、専門書を読んでいただくこととし、本書では、筆者が「生活の中で気づいた違い」についてお話ししましょう。[†7]

†7 | 国の間に存在する違いを前提にグローバル戦略を構築する方法論については、Pankaj Ghemawat, *Redefining Global Strategy: Crossing Borders in a World Where Differences Still Matter*, Boston, MA: Harvard Business School Press, 2007を参照してください。

「大きいものは良いものだ」再考

第4章でロバートさんを紹介した際に、アメリカの消費者の間に「大きいものは良いものだ」という信条が根強く残っていることをお話ししました。この考えの前提にあるのは、アメリカの広い国土、広い敷地、大きい家、大きいサイズの人々といった生活環境です。この大きさの違いには、日本からはじめてアメリカを訪れた方は、すぐに気がつくと思います。

ロサンゼルスの飛行場の玄関を出た途端に目にするのは、大きなピックアップトラックとSUV、ターミナルの巡回バスも大きいし、歩いている警官の体躯《たいく》も大きい。さらに屋外の騒音と喧騒は、成田の玄関から出たときに感じる音とは違い、とても大きい。

ホテルに到着して気がつくのは、部屋が広い、ベッドが大きい、室内の扉、家具調度の立てつけと出来はあんまり良くないけれどサイズは立派。レストランに行けば、水はなみなみ注いでくれるし、注文して出てきた品の量と大きさは日本の倍近い。デザートなら、そんなに大きくないかなと思うと、大間違い。頭が痛くなるように甘い、大きいデザートがドカンと来る。コーヒーを注文すれば、大きいマグカップになみなみと注いでくれて、縁《ふち》から3センチぐらい飲んだだけでも、注ぎ足してくれる。これは、多くの方々のアメリカでのはじめの一歩の体験でしょう。

さて、このサイズ感の違いは、ホテルのベッド、レストランの食事、車のサイズ、人の大きさ、家のサイズ、部屋のサイズだけではありません。掃除機、冷蔵庫、洗濯機、乾燥機、テレビといった家電から始まって、ドアのサイズ、ガレージの広さ、クローゼットの広さ、ショッピングセンターの広さ、お店の大きさ、駐車場の広さ、等々と書き始めたらきりがありません。日本とアメリカを比較すると、この大きさの違いが如実にわかるのですが、ヨーロッパの国、たとえばドイツと比べても、この違いはわかります。つまり、アメリカが特異、桁外れなのです。

この「大きいことは良いことだ」から派生している信条、ロバートさんの「大きくて安いものは良いものだ」についてはすでに述べました。もうひとつの信条は、「たくさんは良いことだ」です。量がたくさんということだけでも、スーパーマーケットの棚に並ぶ商品、たとえば、スナックの袋の大きさ、飲料のボトルが、日本やヨーロッパよりも大きいのがすぐに目につきます。古い例ですと、工場の部品の在庫量があげられます。

もうひとつ類似の信条は「パワーがあるのは良いことだ」で、「大きくてパワーがあるのは良い」ということにつながります。逆にいうと、大きいからそれを動かすのに大きいパワーがいるのです。ちなみに、全長6メートル近いフォードのトラックを速く走らせるためには、5リッターV8、395馬力、しかも燃費は都市部走行で13マイル／ガロン（ちなみにプリウスは都市部走行58マイル／ガロンです）と最高値です！　まさに日本とヨーロッパから見ると、バカじゃないのとなるのですが、このパターンは綿々と続いており、内燃エンジンがある限り続くのではないでしょうか。大きくて馬力があることを良しとするのは、アメリカの〝マッチョイズム〟につながるところがあります。

つまり、アメリカ特有の男性のたくましさ、強靭さ、勇敢さを重んじる信条と行動です。第3章で紹介した退役軍人のバイロンさんとポールさんを覚えていますか。バイロンさんはトヨタのタコマ、転職する前のポールさんはタンドラの大きいピックアップトラックを愛用していました。余談ですが、2020年11月のアメリカの大統領選挙を間近に控えた10月12日に行なわれたフロリダでの選挙集会で、トランプ大統領はヴィレッジ・ピープルの「マッチョ・マン」の音楽を場内で流したのは、いわずもがなでしょう。

1989年にマツダがロードスターMX5を導入した後、この車を〝hairdresser's car（ヘアドレッサー用の車）〟と揶揄し、スポーツカーとしてはパワー不足で、本物の男が乗る車じゃない、といった批判をたびたび聞きました。[†8] 操縦性は良いけれど、小さくて、軽く

†8｜このhairdresser's carの議論は、最近のモデルまで続いています。"The Mazda MX-5 is not a hairdresser's car, and this is why," by Sam Philip, *BBC Top Gear*, August 24, 2016.

て、パワーがないので、「大きくてパワーがあるのが良い」信条の「真の男」が好むスポーツカーとはまったくマッチしないというわけです。

筆者が2013年にスバルのBRZを試乗するために、勤務先から20分ぐらいの場所にあるスバルのディーラーを訪問したときのことです。ひとりでぶらりとショールームに入り、BRZを試乗したいとセールスマンに告げると、「あれは良い車ですよ、あなたの娘さん用ですか?」と聞かれたので、ギャフンとして、退散したことがありました。アメリカのマッチョ主義からすると、小さなクーペは女性向きというわけです。

これらの**「大きいことは良いことだ」「安くて大きいことは良いことだ」「量がたくさんは良いことだ」**そして**「大きくてパワーがあるのは良いことだ」**は、アメリカの消費者すべてに当てはまるのでは決してありませんが、根強く続く主流の消費パターンだと思います。

ソニー、トヨタ、イチロー――アメリカに受け入れられることの難しさ

日本が置かれた地理的制約と経済条件のもとでは、このようなアメリカのコンセプトは

まったく別世界のものであり、日本の指導者・経営者がはじめてアメリカを体験したときには少なからぬ驚きを与えました。

戦後の例では、日本の自動車メーカーの視察団がアメリカの自動車メーカーの工場に積んである部品・半完成品の在庫の山を見て、その無駄と非効率性に驚き、ジャスト・イン・タイムの在庫管理システムをつくるきっかけになった話は、もちろん誰もが知るところです。[†9]

あるいは、ソニー創業者のひとりである盛田昭夫氏が当時のアメリカの市場を見て、市場にないものを提供するしか戦略はないと考え、小型トランジスタラジオをアメリカの市場に導入したのも、今や伝説です。[†10]

言い換えると、トヨタは、アメリカの物量と在庫のコンセプトに問題を見つけ、それを大きく改善したコンセプトをつくり、ソニーは大きいものをつくるのではなく、小さいものをつくって差別化を図ったというわけです。

読者の多くの方は、なんで、こんなわかりきっていることをくどくど書くのかなと思われるかもしれませんが、アメリカに根強く残る「大きいものは良いことだ」とその傍系の信条を打ち砕く、あるいは、この信条をもつ人たちを別の戦略（たとえば差別化）で納得させるのは、そう簡単なことではないからです。また、このような信条は、消費者の選択

†9｜大野耐一『トヨタ生産方式―脱規模の経営をめざして』ダイヤモンド社、1978年。James P. Womack, Daniel T. Jones, and Daniel Roos, *The Machine that Changed the World: The Story of Lean Production*, New York: HarperCollins, 1991.

†10｜Akio Morita, 1986, op. cit.

を左右するだけでなく、アメリカの社会では日常的に体験できることなのです。言い換えると、それがどこの国の市場であろうとも、既存の市場に綿々と受け継がれている信条と主流の論理を覆すのは容易ではありません。

従来、アメリカの大きなピックアップトラックを購入する層は、「メイド・イン・USAで大きくてパワーのあることは良いことだ」を信条とする層で、その市場ではアメリカの3社　フォード、GM、クライスラーが絶対的なブランドを築いていました。

トヨタ、日産、ホンダの日本勢は、長い間この聖域には踏み込まずに、小型車・中型車・バンをその基盤としていたわけですが、アメリカで現地生産を続け、地域経済に貢献して、長い年月の間に信頼を培ってきたのが功を奏し、後に、この大型ピックアップトラックのカテゴリーへの参入を果たせたといっても過言ではないと思います。アメリカのメインストリームの消費者に受け入れられる土台を築き、経済摩擦・貿易摩擦を起こさないように細心の配慮をした後に、アメリカのアイコンとなる「大きい」ピックアップトラックをつくり、受け入れられたのです。

日本のメーカーの米軍軍人割引プログラムへの参加、アメリカ南部を中心として極めて人気のあるストックカーレースNASCARへのトヨタの参戦、といった現地のメインストリーム層のコミュニティへのコミットメントも、この目的のための重要な活動といえます。

また筆者の素人見解で恐縮ですが、類似の例としては、シアトル・マリナーズで長年活躍したイチロー選手をあげたいと思います。アメリカの大リーガーの野手で人気があるのは、一般的には、「大きくてパワーのあることは良いことだ」的なホームランバッターです。この信条に沿ってパワーヒッターになろうと思えばなれたかもしれなかったのですが、そのような同質化戦略をとらずに、あえて差別化戦略をイチローは採用したように見えます。大きくてパワフルでホームランをたくさん打つ選手は大リーガーにはたくさんいるので、自分をシングルヒッターとしてブランディングし、差別化し、認めてもらうということを貫いたのでしょう。ブランディングして差別化すればよいとは簡単にいえますが、それを実施し、持続し、成果を出すのは不断の努力が必要なのはいうまでもありません。

高校のときからブランディングにいそしむ

日本ではＡＯ入試（２０２１年４月入学から「総合型選抜」と名称変更するようですが……）を大学入学の選抜方式として採択する大学が近年増えてきています。この方式の名称ＡＯ

はAdmissions Office（アドミッションズ・オフィス）を意味し、日本語に訳されていないように、これは日本独自のシステムではなくて、英語圏の大学（特にはアメリカですが）の選抜方式を参考にしてつくられたシステムだと理解しています。

アメリカの大学へ秋の新学期からの入学を希望する高校４年生（シニア）は、前年の10月から12月にかけて、アドミッションズ・オフィスに提出する多くの書類の準備で忙しくなります。

といっても、近年では、志願者が各大学別に願書と書類を送るのではなく、Common Application、あるいはUniversal College Applicationといったデジタルのポータルに各大学共通の必要事項（たとえば、高校４年間の成績詳細〈ＧＰＡ〉、履修科目、共通試験〈ＳＡＴ／ＡＣＴ〉得点、賞、栄誉、課外活動等々）を記入し、必要な書類を添付します。そして、入学を志望する大学名を選び、各大学別に設定された質問に答えます。

さて、この選抜方式では、共通試験のＳＡＴ／ＡＣＴの成績は重要ではありますが、それですべてが決まるわけでは決してありません。むしろ、この方式は志願者の高校４年間の学業成績・課外活動・その他の活動・成果を総体的に判断し、それが志望する大学が期待するプロファイル（人物像）と適合しているかによって選考する方式、と考えていただければよいかと思います。

つまり、志願者の〝ポートフォリオ〟が重要であり、学業成績はその一部なのです。第4章で紹介したビビアンさんの娘さんでフェンシングのアシュリーさんとナタリーさんを思い出してください。フェンシングランキングで全米何位、州何位という成果も、ポートフォリオの重要な一部となるのです。

ポートフォリオの中で、選考に重要なウェイトをもつのがエッセイです。志願者は、自分はどういう人物であり、何をこれまでしてきたか、何を達成したか、何に関心があり、どのようなチャレンジに直面したのか、どのようにそのチャレンジを克服したのか、大学で何をしたいと考えているか等々を、短いエッセイの中で書き表さなければいけません。つまり、ここで重要になるのが、志願者のブランディングなのです。

自分はこういう人間で、こういうブランドをもっている、自分は他の志願者とは違う、だからこの大学は自分に合っている、といった具合に「自分の物語（ナラティブ）」を語り、自己をアピールする必要があるのです。入学願書に書き込まなければいけないからといって、急に2カ月の間に自分を見つけ、ブランディングできるわけではありません。自分のブランドを付け焼き刃ではない、オーセンティックなものにするために、大学進学を目指すアメリカの高校生は、いろいろな活動に参加し、そこで成果を出すことに焦点を合わせながら、4年間の高校生活を送ります。

前置きが長くなりましたが、ここでは、アメリカの高校生の事例から、個人のブランディングが日常のレベルで実施されていることをお話ししました。これはヨーロッパの若い人にも共通する点です。個人のブランディングは、試験の得点、学業成績といった客観的な成果に加えて、「自分の物語」でもあるのです。敷衍《ふえん》すると、客観的な性能・機能だけではなく、それに加えて、感動に訴える物語が消費者の心をつかむのと本質は同じなのです。

そして、個人のブランディングは、ひいてはその集合体である企業・組織のブランディングにもつながります。単なるロゴと広告を超えた企業・組織のブランディングにおいて、欧米の企業に一日の長があるのは、残念ながら否めない事実です。

バービー人形とアメリカンガール――多様性を巡って

1986年12月に、当時勤務していたベルリンの研究所のアメリカ人研究者と一緒に、バルト海に面する北ドイツの港町キールを訪れたときの話です。当時、キールには世界経済研究所という研究所があり、日米の研究開発活動が両国の貿易に及ぼす影響を実証分析した共著の論文を発表するために招待を受けたのです。発表が始まる前に、我々を招待してくれたドイツ人の教授が、私たち2人を25名ぐらいのドイツの若手研究者に紹介してくれました。

私を紹介する前に、この教授が「あなたはアメリカ人ですか?」と参加者の前で私に質問しました。すると、同席の若いドイツ人研究者が一斉に笑い出したのです。若い研究者たちは、「教授、そんなバカな質問しないでください、見ればわかるでしょ、この人日本人ですよ」と教授の質問に対して笑ったのです。それを察した教授は、「君たちは知らないかもしれないが、山脇さんが日系アメリカ人ということもあるのですよ」とたしなめたのです。これには、ドイツの若い研究者一同、しーんとなりました。アメリカ社会の理解については、この教授のほうが若手研究者より一枚上手だったのです。

アメリカを代表する着せ替え人形として、マテル(Mattel)のバービー人形が、多くの方の頭にパッと浮かぶと思います。1959年にアメリカで導入されたバービーのアイデアはオリジナルではなく、ドイツのリリ(Lilli)人形がその先行モデルでした。バービーは1950年代後期から1960年代にかけてのアメリカを象徴するように、ウィスコンシン出身で、金髪で白い肌、体型も5フィート9インチ（175センチ）の設定で並外れたプロポーションの女性です。

初年度の製品は35万体の販売を記録し、それ以来、今日に至るまで生産販売されています。バービーも今や60歳を超えていますが、アメリカの人口構成の変化、人種問題、そしてグローバリゼーションを考慮に入れて、これまでにいくたびものイメージチェンジを試みてきています。肌の色の違うバービー、金髪ではないバービー、着物をはじめとして民族衣装を着たバービー等々です。[†11]

そうはいうものの、所詮、生まれた氏素性は隠すことができず、多様性という面からは、近年、批難を浴びているのはいたし方ないところです。バービー人形の姿は、先に述べた、「大きくてパワーのあるものは良いものだ」主義、アメリカのマッチョ主義にも相通ずるものがあるといっても良いかと思います。アメリカンフットボールのたくましさ、強靭さ、勇敢さというイメージのつけ合わせとなる金髪のチアリーダーの女性の姿が、バービーの全盛期のイメージです。

バービーに代わるというわけではないのですが、1986年に市場に導入されたアメリカンガール（American Girl）はバービーとは違う方向を目指しています。バービーの特徴はバービーという女性のルックスだったのですが、アメリカンガールは見かけではなく、

†11 | Robin Gerber, *Barbie Forever: Her Inspiration, History, and Legacy*, Bellevue, WA: Epic Ink, 2019 を参照。

お人形が具現化しているペルソナの物語がその特徴です。そのため、アメリカンガールはひとりの女の子のお人形ではなくて、多数の女の子のお人形です。

アメリカの歴史の中で生活し、活躍した女の子の物語の本、その本の情景の中で着ている洋服とアクセサリー、使っている道具、調度品を、お人形と一緒に買うことができます。このような、アメリカの歴史の中の女の子以外にも、お人形を買ってもらう女の子が好む髪の色、肌の色、目の色、顔の輪郭と目の形を組み合わせて人形を選ぶこともできます。

要点は、アジア系の女の子が、金髪の白人の着せ替えをして遊ぶのではなく、黒髪、茶色い目、少し有色の肌、そして細い目のお人形で遊べるのです。アメリカンガールのお人形は、目の色7色、肌の色6色、髪の色8色、顔の輪郭と目の形は5つ、髪型は14の型の組み合わせでカスタマイズできます[†12]（図表10）。高品質、人形ごとの洋服・アクセサリー、背の高さ（46センチと大きい人形）等で、高価格（カスタマイズのお人形一体200ドル）ですが、他にはないポジションを市場で確立しています。また、バービーとは違い、現代の社会の多様性にも対応できる特性を備えているのも特徴といえるでしょう。

多様性（diversity）というと、社会には多様な背景の人が生活している、そうした人々の違いを無視せず、その違いに敬意をもって接し、違いを理解するのが重要と、一般的には理解されていると思います。つまり、アメリカンガールの人形の種類で表せる多種多様

†12 | https://www.americangirl.com/create-your-own/create/

図表10｜アメリカンガール（American Girl®）
ロサンゼルス、2020年11月

©Hideki Yamawaki

性です。もちろんこの違いを認識するのは重要ですが、もう一歩、子どもたちに遊びながら学んでもらいたいこと（これがアメリカンガールのポイント）は、このような多様化した社会で生活し、さらに、そこで貢献していくためには、自分が誰だかを知り、多様化した社会でブランドを創り、自分の特性を活かしていくことではないでしょうか。

偶然でしょうが、ドイツのキールの世界経済研究所で、ドイツ人教授が「あなたはアメリカ人ですか？」と参加者の前で私に質問したのも、アメリカンガールが売り出されたのも、１９８６年でした。社会の多様化、グロバリゼーションが進化／深化していくことに気づいた人たちが増えてきた年なのかもしれません。

昭和42年生まれ「香山リカ」の国際性

さて、日本のお人形はどのようなコンセプトなのでしょうか。香山リカさんをご存じですか？　そうです、１９６７年に発売されたタカラトミーのリカちゃんです。マテルのバービーよりは背が低いけれど（１４２センチの設定）、基本的には同じように、着せ替えと情景を組み合わせて遊ぶファッション人形といえます。バービーはウィスコンシン出身で、1960年代のはじめにケンというボーイフレンドができましたが、リカちゃんのほうはどうなのでしょうか。

リカちゃんは小学5年生なのでボーイフレンドはいませんが、友だちには、モデルを目指すイギリス出身のアリスちゃんとヘアスタイリストを目指すフランス出身のマリアちゃん、というようにかなり国際的です。リカちゃんのお母さんはファッションデザイナーで日本人ですが、お父さんはフランス人で音楽家のピエールさんです。

ですから、父方のおばあさんはフランス人で、ミレーヌ・ミラモンドさんといいます。[†13] すごいでしょ、国際的です。昭和42年生まれのリカちゃんは、「欧米の先進国に学び」「追いつき、追い越し」「海外進出を達成する」憧れのロールモデルだったのかもしれません。なぜリカちゃんのお父さんは、昭和のサラリーマンではないのか、というような野暮な質問はここではあえて控えます。

「黄金時代のアメリカ人」バービーで遊んだ女の子、「憧れの国際人」リカちゃんで遊んだ女の子、そして「多種多様なアメリカ人」アメリカンガールで遊んだ女の子が大きくなったときに、どのような世界観をもつのか、多様性について、グローバリゼーションについて、自分のブランドについてどのように考えるのか、どなたか国際比較研究をしていた

†13 | リカちゃんのプロファイルについては https://licca.takaratomy.co.jp/profile/index.htmlを参照。

らお教えください。†14

ショーガン？　英語になった日本語

1977年6月のジョン・F・ケネディ（JFK）空港での筆者の英語力についてお恥ずかしい話をしましたが、その後の上達ぶりもあまり芳しくありませんでした。夏休み中に毎日通ったサマースクールも無事終了し、いよいよ大学院の新学期が始まりました。クラスが始まる9月半ばの週末に、新入生の数名が集まって懇親会を開くことになり、当日のホストであるゲーリーの家に集まりました。丸1日かけて彼が新鮮なトマトからつくったトマトソースのスパゲッティを食べていると、ゲーリーが私に聞いてきました「ショーガンっていう本、知ってる？　すごく面白いね」。私の咄嗟《とっさ》の反応は、なにショーガンって、銃のことかいな、何をいってるんだろうで、口から出た言葉は「えっ、なんの本？　知らないよ」でした。ゲーリーは、「ショーガン知らないの？　日本から来たんだろう？」といって立ち上がり、自分の部屋に向かいました。片手に部厚い本を持って戻ってくると、私にその表紙を見せ、これがショーガンだというのです。

†14｜もう少し年齢の低い子どもが間接的に多様性を認識できるのは、エポックのカリコクリッターズ（Calico Critters; 日本市場ではシルバニアファミリー）でしょうか。アメリカでは、高品質の玩具として、ファンを集めています。

なにをおっしゃるうさぎさん、「これはショーガンではなくて、日本では〝将軍〟っていうの、〝将軍〟、わかる」と私が説明しても、ゲーリーにはなんだかよくわかりません。彼の結論は、とにかくショーガンは面白い小説だから読め、なのでした。

なぜこの話を今でも覚えているかというと、まずshogunをショーガンと発音するのだとわかったことでしたが、それに加えて、アメリカでは、shogunを訳さずにそのまま使っている、という意外な発見でした。その当時に、英語に訳さずにそのまま一般的に使われていた日本語の名詞は、judo（柔道）、karate（空手）、teriyaki（テリヤキ）、kimono（着物）、geisha（芸者）、そしてこのshogun（将軍）、samurai（侍）ぐらいだったのではないでしょうか。その後、そのリストにorigami（折り紙）、tsunami（津波）、ninja（忍者）、karaoke（カラオケ）、sushi（寿司）、sake（酒）、そしてramen（ラーメン）が加わり、誰でも知っている言葉になりました。また最近では、edamame（枝豆）、miso（味噌）、anime（アニメ）、bento（弁当）、も別に日本通でなくても知っている人は多いのではないでしょうか。

アメリカで原語を訳さずに使っているその他の例としては、フランス語のballet（バレエ）、café（カフェ）、croissant（クロワッサン）、lingerie（ランジェリー）、renaissance（ルネッサンス）、entrepreneur（アントレプレナー）があげられますし、ドイツ語からはwaltz

（ワルツ）、kindergarten（キンダーガーテン）、delicatessen（デリカデッセン）、pretzel（プレッツェル）、rucksack（リュックサック）、中国語からは dim-sum（ディムサム、点心）、kung fu（クンフー、功夫）、tofu（トウフ、豆腐）、そしてスペイン語からは macho（マッチョ）、patio（パティオ、中庭・テラス）、そして plaza（プラザ、広場・市場）が頭に浮かびます。メキシコ料理の taco（タコス）、burrito（ブリトー）、quesadilla（ケサディーヤ）、そして、最近では、イタリア料理の名前は訳さずに、espresso（エスプレッソ）、cappuccino（カプチーノ）、pasta（パスタ）、prosciutto（プロシュート）等々はそのまま使う傾向にあります。

このリストはもちろん一部ですが、アメリカで日常的に使われる言葉の中で、器具、道具、職名などを外国語のまま使うという例は日本よりはるかに少ないのではないでしょうか。食べ物の名称を除いたとしても、日本でカタカナ表記のものは、ざっと考えても、けっこう長いリストになります。

テレビ、ラジオ、ビデオ、カメラ、フィルム、ファックス、プリンター、レコード、テープ、ゲーム、タイヤ、ポンプ、キーボード、ボールペン、トースター、ミキサー、ナイフ、フォーク、スプーン、ハンドル、ペダル、スキー、サーフィン、マウンテンバイク、スノーボード、コンピューター、インターネット、スマートフォン、クレジットカードなどの器具・道具から、シャツ、パンツ、セーター、ネクタイ、ベルト、ポロシャツ、Tシャツ、タオルといった洋品、さらにはヘルメット、サングラス、マスク、ウィスキー、バー、シャワー、エスカレーター、エレベーター、ファッションモデル、コンサルタント、アドミッションズ・オフィス、ビジネススクール、デジタル、オンライン等々と、現代の生活の隅々まで数多くあります。

もちろん、外国発祥のものでも、カタカナ表記ではなく、日本語に訳されているものも多くあります（たとえば、自動車、自転車、飛行機、時計、冷蔵庫、洗濯機、電話、万年筆、野球がその一部です）。さらにこれらに、食べ物とスポーツの名称を加えると、かなりの数のものが外国発祥ということがわかります。そして、大多数が英語からのカタカナ表記になっているのに気づきます。

カタカナ表記は多いが、外国のアイデアに開放的でない日本

さて、スイスのビジネススクールＩＭＤのグローバル競争力ランキングの２０２０年版では、日本は63カ国中34位となりました。[†15] 筆者の興味を惹いたのは、日本でビジネスをしたことのある経験者の評価項目のうち「国の文化は外国からのアイデアに開放的か？」という項目です。この項目では、日本は、63カ国中の最下位は免れたものの、62位の栄誉(!?)を受けました。もちろん、客観的なデータによるランキングではないとはいえ、日本の「お家の事情」をある程度反映している結果とはいえます。

日本では、たくさんのカタカナ表記が日常的に使われている、つまり、外国からのアイデアに日本はとても開放的に見えるのですが、なぜこのようなアンケートの結果になったのでしょうか。これは、外国のアイデアが日本に到着したとき、最終的にはそのアイデアが受け入れられて（あるいは受け入れざるを得なくなり）、カタカナ表記になったのだけれども、その受け入れの過程で批判、抵抗、遅れが頻繁に起きているからと考えられます。特に、日本独自の方法・システム・考え方・やり方がすでに存在しており、それに企業・政

†15 https://www.imd.org/wcc/world-competitiveness-center-rankings/world-competitiveness-ranking-2020/を参照。

府・機関・家庭・個人が少なからぬ埋没費用（サンクコスト、取り返すことのできない費用）投資を行なってきた場合、新しいアイデアを採用すると、これまでの投資が回収できなくなるので、それに対する抵抗が起きるのです。

往々にして、外来、舶来のものは日本独自のやり方と拮抗するので、「日本」と「外国」という区分をするスクリーンが暗黙裡につくられ、スクリーンの外から日本に渡ってきたものは、カタカナではっきりと表記する習慣がついたのではないでしょうか。

一方、欧米、特にアメリカでは日本とは違い、自国発のものが多いです。アメリカ大陸特有のものに加えて、国の成り立ちが移民国家ですから、移民の人たちが持ち込んだものを現地化したものが多いのです。その結果、「アメリカ」と「外国」の区別が日本より曖昧で、外国からのものを特別に表記する習慣がないともいえます。

一度アメリカの土壌を踏むと、アメリカ人であろうと外国人であろうと、全員が同じルールで土俵に立つという建国の理念がその礎をなしているからでしょう。アメリカと外国の区別なく、同じ土俵の上で勝負するためには、日本の企業はアメリカの顧客に強く訴えなければいけません。日本の企業が進出する場合には、アメリカの社会に「溶け込んで、なおかつ際立つ」方針をとることが必要とされるのです。

アウトバーンとフリーウェーの違い

アメリカとヨーロッパの文化の違いが明確に体験できるのは、ドイツの高速道路アウトバーンと、アメリカのフリーウェーを走ったときではないでしょうか。たとえばデータから得られる客観的な情報としては、各国の高速道路の全長とネットワーク、混雑状況、事故発生件数、利用頻度、最高速度等です。しかしこの情報から、ドイツではどのようにアウトバーンを走るのか、アメリカではどうかという主観的な情報は得られません。体験してのみわかるのです。

高速道路の走り方の違いは、その国のドライバーの特性を表す一方、その国の交通規制のあり方、ひいては社会制度の違いによっても大きく左右されます。規制、社会的規範、法制度が違えば、同じ人種であっても、運転の仕方が大きく変わるという仮説は、東西冷戦下の西ドイツと東ドイツのアウトバーンで、実際に検証できたのです。

筆者は1982年から1990年の間、第2次大戦の「戦勝国」英米仏の統治下にあった〝陸の孤島〟西ベルリンに住むという、今となっては貴重な体験をしました。当時、西ベルリンの住民が西ドイツに車で行くためには、3つのアウトバーンの通行が許可されていました。ミュンヘン方向へ南下する高速道路、ハノーバーに通ずる西の高速道路、そして北西のハンブルクへ向かう高速道路です。このどれかを利用するためには、西ベルリンを出て、東ドイツに入る国境のチェックポイントで、東ドイツを通過するためのトランジットビザを取得しなければなりません。夏の休暇の時期には、ビザ取得に2時間ほど待たされることもありましたが、通常でも早くて1時間はかかりました。

西ドイツから西ベルリンに戻る際は、西ドイツと東ドイツの国境でまた同じように、トランジットビザを申請しなくてはなりません。西側から東に入るときにはそれほど問題はないのですが、東ドイツを通過して西ベルリンに再び入る際には、東ドイツを出るチェックポイントで大掛かりな検査がありました。

車の下に大きな鏡を入れて、亡命者が張りついていないか、時には車の後部座席を剥がして、その下に亡命者が隠れていないかを検査するのです。この検査にまた1時間以上待たされるので、東ドイツ入国時のビザ申請と、東ドイツ出国時の検査で少なくとも合計3時間のロスタイムがあったのを記憶しています。

このような手間をかけて、やっと入った社会主義国の東ドイツのアウトバーンですぐ気がついたことは、速度制限があること、しかも時速80キロ、60キロ制限の区域がやたら多いこと、警察と軍隊の車がたくさん走っていること、ソ連製の車が走っていること、そして道路の舗装が傷んでいたことでした。社会主義計画経済下で製造された東ドイツ製の自動車、たとえば国民車のトラバントは2気筒2ストロークエンジンでパワーがなく、西側のＢＭＷ、メルセデス・ベンツのスピードにはまったく太刀打ちできません。

そこで、西側の車を規制する意味もあって、東ドイツは速度制限を厳密に実施していたといわれています。東ドイツのドライバーは、制限速度ぴったりで走り、たとえば制限速度が１００キロから60キロに変わったとすると、その地点でブレーキを踏んでまでして速度を制限以内に落としていたのがとても印象に残っています。

さて、当時の西ドイツはどうだったでしょう。１９８０年代の西ドイツのアウトバーンは速度無制限の区間が多くあり、道路の舗装はとてもスムースで、これが話に聞いたドイツのアウトバーンか、と思うほど立派でした。この速度無制限を安全に実施できた大きな理由は、西ドイツのドライバーのマナーと秩序がよく、左車線は追い越し専用の車線で、追い越しが完了したら、すぐに右の車線に移るというマナーが基本的には徹底していたからです。時には、追い越し車線を遠くからパッシングライトを照らしながら、前方の遅い車を蹴散らし時速１８０キロ以上で走り抜ける車もいましたが……。こうしたマナーがあるので、遅い車がずーっと左側の追い越し車線を走り続けるとか、ふらふらと追い越し車線に遅い車が迷い込んでくる心配はなく、安心してスピードが出せるのです。速度無制限ということは、スピードを出したければ、自己の責任と判断で行動してくださいというルールです。

しかし、最近では、速度無制限区間が非常に短くなり、また道路の補修工事がいたるところで行なわれており、スピードを出すどころか、渋滞の連続というアウトバーンも少なくありません。けれども、全体的には、追い越し車線の秩序とマナーは以前の通りですし、工事がない限り平均速度はヨーロッパの他の国と比べて、いまだに速いといえます。

ドイツからアメリカのカリフォルニアに飛びましょう。カリフォルニアの高速道路フリーウェーは、その名の通り基本的に〝無料〟です。ロサンゼルス近郊のフリーウェーは片側4車線から5車線で、区間によってはカープールレーンといって、1台に2人以上乗っている場合に限り走ってよい優先車線があります。

さて、ドイツから来て、カリフォルニアの高速を走ったときの第一印象はどうでしょう。まず、車線がたくさんある、そしてやったら車が多い。そして、ドイツ、ヨーロッパでは見たことのない、似たようなデザインで同じ色の車がたくさん走っている。さらに、この道路の舗装は一体どうしたんだ、コンクリートの打ちっぱなしじゃないか、アスファルトじゃないんだ、ではないでしょうか。

知人のインド人の教授が、道路の路面はインドよりひどい、というくらいカリフォルニアの道路の傷みはひどく、穴だらけです。しばらく運転すると、「これって、危ない。左からだけでなく、右からも追い越していく。追い越し車線ってないの？　右の車線もスピードの速い車が使っていて、まったくめちゃくちゃ」という感想をもたれるのではないでしょうか。

まさにその通りで、フリーウェーの走行は、はっきりいって〝マナーフリー〟というかみな好き勝手に運転している、というのがそのイメージではないでしょうか。とにかく一番危ないのは、遅い車が悠然と左の車線を走っていたり、右から、左からと追い越されることです。特に2020年の3月以来、新型コロナ感染防止のために自宅勤務が常態になり、空いているフリーウェーで多くの車が制限速度の65マイルをはるかに超える80マイル以上で走っているのも危険性を増しています。カリフォルニアのフリーウェーの走行パターンは、無数の車が、道路上のスペースを狙って、自己の利益のために猛進していく攻撃的なイメージであり、アメリカ流の自由な社会の縮図ともいえそうです。

その半面、ドイツのアウトバーンでは〝高速走行と安全を両立〟するために、ドライバーが原則と秩序を重んじています。つまり、ドイツとアメリカの高速道路の走行パターンに、２つの国の社会のルールと慣習が浮き彫りになっているといってもいいすぎではないでしょう。[†16] さて、日本の高速道路はどのようでしょうか。

アンチアマゾン派が好むもの

この10年ぐらいの間、アメリカで本の小売業に大きな変化が起きています。と書くと、もちろん知ってますよ、アマゾンの成長でアメリカから本屋さんが消えたことでしょ、といわれる方が多いのではないかと思います。ところがどっこい、そう簡単にはいえないのがこの10年のトレンドです。

１９８０年代のアメリカの本屋さんは、ショッピングモールの興隆により、各モールに必ずひとつや２つの本屋さんがありました。B・ダルトン（B. Dalton）とウォルデンブックス（Waldenbooks）の２つのチェーンを覚えておられる方もいるかと思ます。

その後、１９９０年代はじめになり、大型書店チェーンのバーンズ&ノーブル（Barnes & Noble）とボーダーズ（Borders）が急進し、１９９０年代はこの2社の全盛時代となりました。

†16｜参考までに、自動車事故による10万人あたりの年間死亡者数（2018年）を比べると、イギリス2.9人、ドイツ3.7人、フランス5人、イタリア5.2人、アメリカ12.4人となります。この数値は高速道路だけではなく、一般道路も含めた平均値です。ドイツでは、地方道での致死率がアウトバーン上の致死率よりも4倍高くなっています。World Health Organization（WHO）ed., *2018 Global Status Report on Road Safety*, Geneva: WHO, 2018.

そして1995年にアマゾンが創立され、その後の市場構造の変化は、みなさんのよくご存じの通りです。現在、モールで「目につく本屋さん」は、バーンズ&ノーブルだけです。ですから、日本からモールを訪問されると、アメリカでは本屋さんが1軒しかない、ということになるのです。

「本屋1軒」は大型書店だけを見るとまさにそうなのですが、この10年間に本の小売業で起きている際立った変化は、独立系本屋さんの台頭なのです。2006年に独立系の本屋さんは全米で約2500店あったのが、アマゾンとバーンズ&ノーブルに押されて、2009年は1651店舗まで縮小しました。ところがこのトレンドがここ10年の間で逆転し、2018年には2470店舗へ、そして2019年には2524店舗へと、50%の増加傾向にあるのです。この独立系書店の増加の理由はいくつかありますが、大きな理由としては、

- アマゾンは一般書を中心にしているので、マニア・専門家のための専門書は置いてない。そのため専門書を扱う書店が必要となっている
- 独立系書店は地域のコミュニティに密着している
- 多くの一般書とベストセラー中心の品揃えではなく、個々の書店のオーナーの好みに

よりカスタマイズされた品揃えと、その書店の顧客が共感をもつ本を揃えている

- コミュニティの知的空間として、講義、サイン会、ゲームの夜、子ども向け読書会、読書グループの場として多様なイベントを開催している

が考えられます。[†17]

こうした新しい独立系書店に加えて、アマゾン以前から存在し、いまだに確固たる顧客をつかんでいる書店もあります。これらの書店は、いわゆる専門店で、アマゾンでは買えない専門書を扱っている店です。たとえば、サンタモニカのオリジナルの場所からもっと広いスペースに移転した、アート・建築・デザイン・写真の専門店アルカナ（Arcana）、あるいはヘネシーインガルス（HENNESSEY ＋ INGALLS）、そして1951年以来ロサンゼルスの自動車文化と映画産業のニーズに応えて、バーバンクの同じ場所で営業している自動車と飛行機の専門店オートブックス＆エアロブックス（Autobooks-Aerobooks）が真っ先に頭に浮かびます。

つまり、アマゾンの大規模、低価格、一般書の戦略には満足しない顧客層のニーズに応え、本を買うという行為だけに焦点を合わせるのではなく、顧客のカスタマージャーニーとマインド・マッピングから洞察される「したいこと」「のぞむこと」に照準を当てた成

†17 | Ryan L. Raffaelli, "Reinventing Retail: The Novel Resurgence of Independent Bookstores," Harvard Business School, Working Paper 20-068, 2020も参照。

果といえるのではないでしょうか。この顧客層にとっては、本屋に行くこと、そこでパラパラと本をめくり、インクの匂いを嗅ぎ、ぶらぶらとあちらこちらと歩き回り、お店の人と会話を交わし、同じ趣味の人たちを見てほっとし、もしコーヒーが飲めるのならば、そこで1杯、充実したときを過ごす、それが本屋さんの「意味」なのです。

このような「世界観」にひとり満足する顧客が、ここでのペルソナといえるでしょう。日本とヨーロッパには、このような顧客層がしっかり存在するので、アマゾン隆盛のご時世でも路面の本屋さんがいまだ多く見られ、そこを訪れるのは楽しみでもあります。すでに淘汰してしまったと思われた、本屋さんを楽しむ人たちがアメリカでもれっきとして存在し、微力ながらもアマゾンへ巻き返しを図っているのを見ることは、とても嬉しいことです。

本章では、国の間の「違い」に焦点を当て、「違い」を強調してきましたが、「同じ」こともあるよ、という例として最後に加えました。

第8章

世界に羽ばたくためには、競争の条件も忘れないで

思慮深い一家の主人は、買うより費用が高くつくものは家でつくらないほうがよいと知っている。仕立て屋は自分で靴をつくらずに、靴屋に注文する。

Adam Smith †1

企業が考慮しないとならないこと

ここまでの章では、消費者・顧客を深く理解するのが、顧客創造の中心的課題であるという前提から話を進めてきました。国内であろうと、国外であろうと、市場が違えば、社会とその構造、文化、市場、顧客、経済、地理等の条件が異なります。

特に、海外の消費者、顧客を知り、理解するのは容易ではない、だから体験・観察し、実際に見て肌で感じることが重要と強調しました（第2章）。また、デザイン思考のツールである、カスタマージャーニー、マインド・マッピング、そしてペルソナの物語も、顧客の欲求・希望とニーズを理解するには有効と述べました（第1章、第3章から第5章）。そして、筆者の体験をもとに、日本とアメリカ、そしてドイツの社会、文化の違いの例をいくつか紹介してきました（第6章と第7章）。

さて、次の段階は、人間中心の視点から洞察を導き、見解を出すことです。そして、見解を裏打ちする仮定を考え、ビジネスの理論を組み立てます。その過程は第9章で解説しますが、その準備として踏まなければいけないステップがあります。ここまでは、企業の

†1｜Adam Smith, *An Inquiry into the Nature and Causes of the Wealth of Nations*, 1776. この引用はWashington, D.C.: Regnery Publishing, 1998より。

側からではなくて顧客、あるいは人々の側から話をしてきましたが、この章では、この議論をひとまず置いておいて、世界の市場を目指すときに、企業が考慮しなければいけない、いくつかの優位性と競争の条件について考えてみましょう。

そもそもなぜ、貿易をするのでしょう?

第3章で、企業はなぜ新しい市場に進出することを考えるのかという問いかけをしたのを覚えていますか。そこでの例はカリフォルニアのワイナリーで、未知の市場への進出の主な理由は、成長している市場を求めるため、そしてそこで通用する競争上の優位性(たとえば、ブランド、高品質、コスト)を持ち合わせているからでした。この点をもう少し掘り下げて考えてみましょう。

本章の冒頭にイギリスの経済学者アダム・スミスの次の言葉を引用しました。

思慮深い一家の主人は、買うより費用が高くつくものは家でつくらないほうがよいと知っている。仕立て屋は自分で靴をつくらずに、靴屋に注文する。

この引用は、ある財（靴）をつくるのに必要なコストが、専門店（靴屋）のほうが他の専門店（仕立て屋）より低い場合には、仕立て屋は自分で靴をつくらずに、靴屋から購入したほうが合理的であることを説いています。この引用を、貿易に応用すると、靴を生産するための労働生産性が高く、生産コストが低い国は靴を輸出し、服を生産する労働生産性が高く、生産コストが低い国は服を輸出するとなります。言い換えると、生産費用の優位性は18世紀においても、貿易が起きる主要因だったのです。

その後、**このスミスの「絶対優位性」の理論をさらに発展した「比較優位性」の貿易理論が提唱されました。** 19世紀のイギリスの経済学者デヴィッド・リカード（David Ricardo）の引用です。

（ポルトガルは）資本をワインの耕作から布の製造へ振り替えて布をより多く生産したとしても、その生産量はイギリスから購入しうる布の量より小さいだろう。[†2]

ポルトガルは2つの選択肢（ワインの生産・輸出と布の生産・輸出）をもっているとしましょう。もしポルトガルが布を生産し輸出する選択をした場合に得られる利益が、ワイン

†2｜David Ricardo, *Principles of Political Economy and Taxation*, London: Dent and Sons, 1817. この引用はDover Publications 2004版より。

を生産して輸出をしていれば手に入れられたであろう利益より小さい場合、その目に見えない損失を機会費用と呼びます。そうしますと、ポルトガルにとって良い選択は、低い機会費用（opportunity cost）でつくられる製品（ワイン）を輸出し、高い機会費用でしかつくれない製品（布）を輸入する、ということになります。

この理論は「比較優位性」により貿易が起こることを示唆しました。

貿易が起きる3番目の理由は、**国家間で生産要素（土地、労働、技能・スキル、資本、技術、そして自然資源）の賦存量《ふぞんりょう》（理論的に算出された量）が異なることによります。**

言い換えると、種々の製品の生産に必要な生産要素は製品ごとに異なるために、要素の利用可能性の国家間での差異が比較優位性の要因となるのです。例としては、運動靴の製造は労働集約的である一方、自動車の製造は大きな資本を必要とする資本集約的です。そうしますと、労働資源が相対的に豊かな国は労働集約的な製品の生産に比較優位性があるので運動靴を輸出し、資本が潤沢に利用可能な国は自動車を輸出する、という理論が導かれます。†3

さて、スミスの「絶対優位性」と、その後に構築された「比較優位性」による貿易理論は、国家間の貿易（輸出入）は国家間に存在する生産・技術条件の違いにより発生することを示唆しています。さらには、比較優位性と要素賦存量の貿易理論の定理は、現在の経

†3｜この定理はスウェーデンの2人の経済学者により提唱された理論で、ヘクシャー＝オリーン定理（Heckscher-Ohlin Theorem）と呼ばれています。Bertil Ohlin, *Interregional and International Trade*, Cambridge, MA: Harvard University Press, 1933.

済先進国と開発途上国の間の貿易構造を説明するのには適していることが立証されています。[†4] 日本を例にとると、輸入額が輸出額を上回る産業は、日本が比較優位をもたない石油製品、食糧、鉄鉱石、衣服が代表的であることは、みなさんがよくご存じの通りで、直感的にも理解できることだと思います。

ところが、1980年代以降の貿易構造を見ると、先進国間の貿易が世界の貿易の約半分を占め、先進国の輸出の7割は、他の先進国へ向けて輸出されています。言い換えると、同一産業内での二方向貿易（intra-industry trade）が先進国間で起きているのです。なぜでしょうか？　**生産・技術条件の比較優位性だけでは説明できない理由がある**ようです。

ある経済先進国の所得が上昇しているとき、その国の消費者は**より高級なものへ、そしてそのバラエティへの需要を高めていきます。**つまり、その国の消費者は、たとえば、ワイン、ビール、チーズ、自動車、洋服、バッグ、靴、音楽等の製品を消費する際に、同一商品のカテゴリー内に、幅広い選択肢、すなわち多様な製品のバラエティを欲するようになります。

例をあげると、ワインでは、フランス、イタリアのワインをアメリカの消費者が欲する一方で、カリフォルニアのワインがヨーロッパの市場に輸出されます。それにより、アメリカの消費者は、自国のワインのみならず、フランス、イタリア産のワインを選ぶことが

†4｜一般的には、開発途上国へ進出することを目指す場合には、日本がその地域の国々に対してもつ比較優位性、たとえば、技能・スキル、技術、ノウハウ、資本等が重要な推進力となるのに対し、日本と同等の経済先進国への進出を目指す場合には、生産・技術条件に加えて、ユニークで独自の製品・サービスを提供することが必要になるといえます。ところが、先進国（北）と開発途上国（南）の南北貿易に加えて、北北貿易においても、国別のテクノロジー賦存量の違いが、比較優位の要因になることもあります。この点については、Donald R. Davis, “Critical Evidence on Comparative Advantage? North-North Trade in a Multilateral World,” *Journal of Political Economy*, October 1997, 1051–1060を参照してください。

できます。自動車では、電気自動車のテスラがヨーロッパに輸出される一方で、ポルシェとBMWの電気自動車をアメリカが輸入、消費者に選択肢を与えています。チーズですと、ヨーロッパ内で、カマンベールがフランスからイタリアに出荷され、モッツアレラがイタリアからフランスに出荷されるのもこの例でしょう。フランスの製品がイタリアの消費者の選択肢を増やし、イタリアの製品がフランスの消費者の選択肢を増やします。音楽では、イギリス、オーストラリア、そしてアメリカのロックミュージックが、これらの国の若者の選択肢を増やし、その需要を相互に満たしていますし、アニメでは、アメリカのピクサーとディズニーのアニメが日本で上映される一方、日本のアニメがアメリカで上映され、アメリカのアニメ好きの若者の選択肢を増やし、その需要を満たしています。

言い換えると、ある先進国Aのバラエティへの需要は、ユニークな差別化をした製品をつくる他の先進国Bからの輸入で満たされる。また、先進国Bのバラエティへの需要は先進国A（あるいは別の先進国C）のユニークな差別化をした製品で満たされているのです。

このうちのあるバラエティは、ユニークな差別化をした製品をつくる他の先進国からの輸入で満たされ、他国のバラエティへの需要は、その需要を満たせる国のユニークで差別化された製品の輸出で満たされるようになるのです。つまり、先進国間の輸出入のパターンは、企業の生産・技術・費用条件のみによって決まるのではなく、消費者が欲しいもの、のぞむものによっても決まってくるのです。このような需要条件が大きな要因となっているのです。

そうしますと、どうやら日本と同等の先進工業国に製品・サービスを提供することを目指す企業にとっては、その国の消費者・顧客が欲しいもの、言い換えると、他国の企業がつくっていないものを提供することが、その国で成果を出すための必要条件といえるようです。つまり、日本の企業が他の先進国市場に参入するためには、**製品差別化**が不可欠となるのです。

ただし、市場にいる消費者の欲するすべてのバラエティが現実に存在しないことを考えると、**規模の経済性**がある程度重要という点も知る必要があります。[†5]

第6章の図表7を思い出してください。そこでは、アメリカの消費者が欲する製品を提供しているドイツと日本の企業とそのブランドの例を紹介しました。いくらアメリカの気ままで極端なカスタマーから、あれを欲しいこれを欲しいといわれても、ドイツと日本の企業は、特別な製品をつくってあげたいのは山々ですが、やはり5個とか6個だけつくったのではコストがとても高くて、残念ながら提供できませんとなるわけです。その場合には、そのバラエティは市場に実際現れないわけです。製品差別化の需要側の条件と、規模の経済性の供給側の条件が見合って、はじめて図表7のようなパターンになるといえるで

†5 製品差別化と規模の経済性が、特に先進国間の貿易条件となることを提唱する貿易理論については、Paul R. Krugman, "New Theories of Trade among Industrial Countries," *American Economic Review*, May 1983; Elhanan Helpman, "The Structure of Foreign Trade," *Journal of Economic Perspectives*, Spring 1999を参照。

しょう。

マイケル・ポーターの競争優位性で国際的な競争力を理解する

ある国の絶対優位性、比較優位性、生産要素の賦存量、そして製品差別化と規模の経済性が輸出と輸入のパターンを決めることが、わかりました。このような国際経済学の理論に加えて、ある国の産業が国際的な競争力をもつために必要な条件を理解するためには、マイケル・ポーターの「競争優位性」の概念が役に立ちます。[†6]

ポーターは**要素条件、需要条件、企業戦略と企業間競争、そして関連・支援産業の集積の存在の4つの要因が当該国の産業の競争優位性を決定する**と提唱しました。要素条件は、基本的には比較優位の要素賦存量と類似した概念ですが、前者との違いは、生産要素が常に一定してあるとはとらえずに、そのストック（特には技術、スキル・技能、ノウハウ、研究開発）を維持し、アップグレードしていくための投資を、競争優位性の条件と考えている点です。

また、関連・支援産業の集積（クラスター）の存在を競争優位性の要因として重要視し

†6｜Michael E. Porter, *The Competitive Advantage of Nations*, New York: Free Press, 1990. この概念を日本の産業に応用した研究としては、Michael E. Porter, Hirotaka Takeuchi, and Mariko Sakakibara, *Can Japan Compete?*, London: Macmillan, 2000があります。

ているのはよく知られていますが、クラスターが単に存在するだけではなく、クラスター内での情報の流れ、さらには、クラスター内に専門職のための労働市場が存在し、集積が機能していることがそのポイントです。クラスター、産業集積の例については、みなさんよくご存じのように、アメリカではシリコンバレー、ウォールストリート（金融）、ロサンゼルス（映画・エンターテイメント）が有名ですが、イタリアのコモを中心とした繊維・絹織物のクラスター、ドイツのシュトゥットガルトを中心とした機械産業のクラスター、ゾーリンゲンの刃物のクラスターも有名です。

もちろん、日本にも長い歴史をもつ、多くの産業集積と産地が存在しています。その中でも、長い歴史を誇っているのが、刃物の産地として有名な岐阜の関市です。鎌倉時代に刀の鍛造《たんぞう》の産地として発祥し、室町時代には約300の刀師が存在したといわれますが、明治維新後には、刃物の産地に生まれ変わりました。新潟の燕三条はキッチン用品、食器、金物、手工具の集積、あるいは福井の鯖江のメガネフレームの集積は、遠く海外にも知られています。[†7]

第6章で、アメリカの市場におけるドイツのブランドの例を紹介しましたが、図表7にドイツの刃物のクラスターで有名なゾーリンゲンのツヴィリングが入っています。1731年創業のツヴィリングは刃物、キッチン用品のブランドとして世界的に有名です

†7 | Hideki Yamawaki, "The Evolution and Structure of Industrial Clusters in Japan," *Small Business Economics*, 18, 2002, 121–140.

が、そのカタログに現在、ＭＩＹＡＢＩという包丁のモデルがあります。この包丁はゾーリンゲン製ではなくて、日本の関製です。ツヴィリングが関に所有する工場で生産し、日本の包丁（Japanese Knives）としてカタログに載せているのです。この包丁の単価は150ドルから500ドルと高級価格帯に属し、鋭さ、伝統、職人技、性能と日本の御家芸である客観的な機能をそのうたい文句とし、それを〝究極のキッチンナイフ（the ultimate kitchen knives）〟としてアメリカではマーケティングしています。ドイツの刃物の産地の名門が、日本の刃物の産地で製造し、ドイツのブランドとしてアメリカで売っているのです。

このＭＩＹＡＢＩですが、ひとつ気になったことがありました。ＭＩＹＡＢＩブランドの製品の中にＫＡＩＺＥＮ（カイゼン）というモデルがあるのです。ＫＡＩＺＥＮは包丁の名前として何を意味するのか、機会があったらツヴィリングに聞いてみたいところです。

日本の産地・産業集積が世界に誇る技術を、海外のブランドが使っている最近の例としては、アメリカのメガネフレームのブランド、ジャック・マリー・マージュ（Jacques Marie Mage）があります。このブランドは、価格帯としては高級に位置する一本400ドルから700ドルのハンドメイドのフレームに焦点を合わせており、品物によっては少数の限定品もあります。いうまでもなく、福井の鯖江でＯＥＭ生産しており、メイド・イン・ジャパン（Made in Japan）を明記し、それをブランディングの推進力にしているアメリカのブランドです。デザインは1950年代から1970年代のロサンゼルス、ハリウッドの映画、そのスターたちのライフスタイルがモティーフとなっています。

このブランドにせよ、ツヴィリングのMIYABIにせよ、日本の代表的な産地で製造される製品の品質には目を見張るものがあります。その一方で、OEMとしてではなく、自社ブランドを立ち上げて世界の市場に進出するためには、やはり消費者・顧客を知り、深く理解し、彼らのライフスタイルに合わせた製品をデザインする力が必要となることを、この2つの事例が示唆しているようです。

参入と競争圧力——レクサス参入とベンツ、BMWの変化

製品差別化が重要な産業に参入した場合の競争過程を少し考えてみましょう。製品が差別化された市場では、各企業が独自の需要条件に直面し、その条件に応じて行動します。

需要条件はその市場にいる消費者が知覚する差別化の程度により決まり、他に似たような製品がないほど高度に差別化された製品に対しては、消費者は価格に関してあまり敏感

なります。

ではないと想定できます。その一方、似たようなものであるほど、消費者は価格に敏感に

このような市場に参入が起こると、既存企業は防衛策として価格を下げて対応するようになります。そして、参入とともにバラエティが増えるほど、価格が下方へ押しやられ、それとともに利潤が減少していきます[†8]（独占的競争）。例をあげましょう。

第3章で、アメリカの乗用車市場のラグジュアリー部門へ参入したレクサスの話をしましたが、レクサス参入前にはドイツのメルセデス・ベンツ、ＢＭＷ、イギリスのジャガー、地元のキャデラックがこの市場での既存企業として、強い競争圧力を感じることなく悠然と構えて行動していました。

ところが、想定外のレクサスの成功の後、ドイツの2社はレクサスからの競争圧力を感じ、シェアを維持するためには、その価格設定行動を変えざるを得なくなりました。すなわち、レクサス参入以後は、為替変動といったような変化が市場に発生すると、それ以前とは違って、メルセデス・ベンツはマージンを圧縮し、競争圧力を緩和するようになったのです[†9]。つまり、レクサス以前は、為替変動によって値上げをせざるを得ない場合、アメリカでの販売価格に転嫁することができるほど強いブランドを誇っていたといえるのです。

†8｜このような製品差別化のもとでの競争を「独占的競争（monopolistic competition）」と経済学では名づけています。Edward Hastings Chamberlin, *The Theory of Monopolistic Competition: A Re-orientation of the Theory of Value*, Cambridge, MA: Harvard University Press, 1933を参照。

†9｜Hideki Yamawaki, “Price reactions to new competition: A study of US luxury car market 1986–1997,” *International Journal of Industrial Organization*, 20, 2002,19–39を参照。

プロトタイプ、リーン・スタートアップと参入・退出

別の例として、規模の経済性が小さく、小企業が多いアプリの市場、日本で特に最近人気のある家計簿アプリを取り上げて、そこでの競争を見てみましょう。アメリカの市場に参入した日本のアプリが及ぼす影響を観察することは難しいので、日本の市場の状況をまず調べてみました。

2020年11月中旬現在、日本に家計簿アプリがいくつ存在するのかは正確には把握できませんが、グーグルで検索すると、少なくとも60ほどのアプリがあることがわかります。それぞれの機能は違うとは思いますが、同一の市場に60のサービスが共存しているとすると、よほどの差別化がない限り、そこでの競争は熾烈と容易に推測できます。[†10] さらに、多数のサービスの共存から推測すると、規模の経済性は小さく、まさに前述の「独占的競争」の市場構造に等しいといえるでしょう。

このような市場構造のもとでの競争では、先行既存企業の市場での成功を見て参入が起きる、参入が増えるとともに既存企業の利益、そして産業の利益に負担がかかる、その後、

†10 また、家計簿アプリのひとつ“おカネレコ”のスマートアイデア社創設者の江尻尚平氏のインタビュー記事によると、2019年12月の時点で100ぐらいの家計簿アプリがあり、レッドオーシャン状態と記載されています。https://us.wantedly.com/companies/smart-idea/post_articles/193454

利益が負に転じると、退出が起きるというプロセスが予想されます。さらに、サンクコストが低く、参入・退出障壁が低い産業では参入と退出が速いスピードで展開されることになります。[†11]

デザイン思考のひとつの特徴は顧客の視点からニーズを見出すことですが、もうひとつの特徴はプロトタイプを素早くつくり、それを市場に投入して、市場からフィードバックを得ることです。フィードバックが製品・サービスについての仮説を棄却する場合には、素早く課題をリセットし、新しいデザインを考えます。

また、リーン・スタートアップ（lean start-up）のモデルでも、開発した製品・サービスが最低限のスペックを満たしていれば、[†12]それを素早く市場に投入して、市場の反応を得ることが求められています。[†13]その場合には、たくさんの製品・サービスが市場に参入し、その多くが、素早く退出というパターンを繰り返すことになります。すなわち、失敗することが、顧客開発の段階に組み込まれているのです。特にアプリ産業では、このような実験的なサービスの素早い参入、市場の反応いかんでは素早く退出というパターンが頻繁に見られるようです。

そのため、この産業では、長期的に顧客やユーザーとの関係を深める以前に退出し、次の製品・サービスに移行、そしていかに素早く退出するかを常に考えるスタートアップが

†11 | 既存の技術、コンセプトに特有の資産への投資は、退出時にその投資の回収ができないという意味から、サンク（埋没）コストと呼ばれています。山脇秀樹, 2020, op.cit. を参照してください。

†12 | MVP（Minimun Viable Product）とも呼ばれます。

†13 | Steve Blank, "Why the Lean Start-Up Changes Everything," *Harvard Business Review*, May 2013.

アメリカには多いともいわれています。

日本の家計簿とは違いますが、家計、予算、使途等がトラックできるアプリ（money tracker）の数をアメリカで調べていると、ざっと見ても最低20はあります。すべてが同じカテゴリー、クラスで競合しているわけではありませんが、それでもかなりが競合しています。ちなみに、日本の〝おカネレコ〟はアメリカの市場に参入し、日本での名称とは違う〝クイックマネーレコーダー〟の名称でダウンロードすることができます。日本市場ほどではありませんが、それでも、少数を相手に戦うのとはわけが違いますし、技術的にはアメリカ発のアプリに勝るとも劣らないとしても、日本のアプリの特徴をどのように現地のユーザーにアピールしていくのか、それが大きなポイントになると考えられます。

現地のアプリが素早い参入・退出モードを重視する中で、現地の希望・ニーズに深く応えることにより差別化し、いかに長期的に顧客の心をつかんでいくのかが、日本の企業に今問われています。

図表11は差別化をした製品・サービスを提供する企業が直面する条件を簡単に図式化したものです。企業1が新しい製品を開発し、新しい分野をつくりました。他者がその分野に参入するまでの間は、そのイノベーターは独占的に市場を享受できます。

しかし、遅かれ早かれ、競合他社（番号で示しています）が、種々の製品を開発し、この

図表11｜**国境を越えた需要と競争**

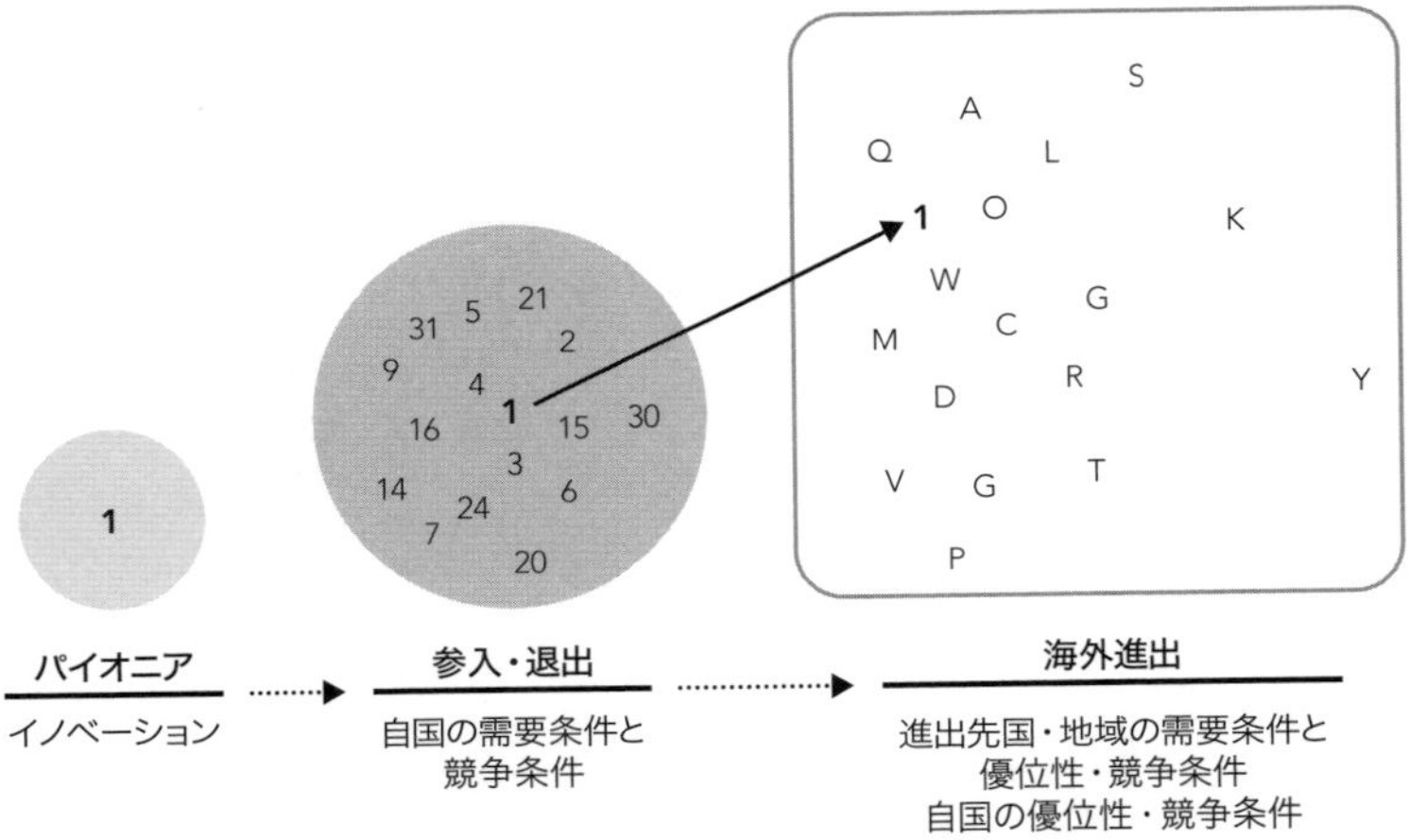

分野に参入してきます。ある製品は、イノベーターの製品と極めて似ているかもしれませんし、ある製品は極めて独創的であるかもしれません。そこでは、その市場の需要条件が企業成果を決める要因となります。

さて、イノベーターがこの市場から海外の市場に参入することを決めました。日本を出て海外の市場に参入したとしましょう。アプリの産業では、製造業のようにどこかで生産して出荷する必要がないので、基本的には、規模の経済性と輸送費が極めて低いという市場構造をもっています。つまり、理論的には、世界中のどこの市場にも参入するのが容易といえます。

ところがある市場に参入すると、自明ですが、その市場の既存の企業（アルファベットで示しています）と競争することになり、その市場に特有の需要条件と、優位性と競争条件が重要な要因として加わります。つまり、自国内の競争条件だけではなく、進出先国に特有の競争条件、そして両国の比較優位、競争優位を考慮に入れる必要が発生します。[†14] ここまでの章で何度となく繰り返してきたように、進出先国の消費者・顧客の行動、好み、考え、ライフスタイルとニーズ、したいこと、のぞむこと、その他の需要側の条件を知り、理解することが重要になるのは、明らかです。

†14｜自国と進出先国の競争条件が国際的な活動を行なう企業の行動と成果に及ぼす影響については、Hideki Yamawaki, *Japanese Exports and Foreign Direct Investment: Imperfect Competition in International Markets*, Cambridge, UK: Cambridge University Press, 2007で実証されています。

第9章

「ビジネスの理論」

ビジネスの理論は絶え間なく検証されなければいけない。
なぜなら、それは石の板に彫られたものではなく、
ひとつの仮説にすぎないからだ。

Peter F. Drucker †1

普遍的でない、ある企業の理論

さて、この章では、第7章まで延々と述べてきた体験・観察・洞察をどのように活かすのかについて考えていきます。言い換えると、体験・観察、肌で感じたことが、**どのように「ビジネスの理論」に働くのか**を考えます。そうしますと、読者のみなさんの中には、あっそうか、体験し観察し、そこで得た「勘」をビジネスに活かせばよいのだな、と勘違いされる方もいるかと思います。

もちろん、勘と直感も必要なのですが、やはりそれだけでは長期的に持続した成果をあげることは難しいかもしれません。「ビジネスの理論」とカギ括弧でくくったのは、ここでの理論の意味は**個々の企業が特定のビジネスに関してつくり上げた「ある企業の理論」(a company's theory of the business)**であり、普遍的な理論と区別するためです。

†1 | Peter F. Drucker, "The Theory of the Business," *Harvard Business Review*, September-October 1994.

ドラッカーの3つの仮定

ピーター・ドラッカーは著書『マネジメント』[†2]の中でも、「ビジネスの理論」について述べていますが、1994年の論文は簡潔に要点をまとめてあるので、わかりやすいかと思います。簡単にいうと、彼の「ビジネスの理論」は3つの仮定（assumption）から成り立っています。[†3]

- 仮定1：企業を取り巻く環境（社会とその構造、市場、顧客、技術）に関する仮定
- 仮定2：企業の特定の使命に関する仮定
- 仮定3：企業の使命を達成するために必要なコアコンピタンスに関する仮定

この3つの仮定は1日にして成就できるものではなく、複数年かけてつくり上げられる、そして、この3つの仮定が整合的であり、それが企業の組織内に行き渡っているときに、その企業は良好な成果をあげると、彼は述べました。

†2 | Peter F. Drucker, 1973, op. cit.

†3 | Peter F. Drucker, 1994, op. cit.

簡単な例として、2020年3月以降のビジネススクールのMBAプログラムに、この理論を当てはめてみましょう。新型コロナ感染の急増により、アメリカのビジネススクールを取り巻く環境は大きく変化しました。それ以前の仮定が大きく覆され、授業はキャンパス内の教室の中での対面方式からオンラインへと移行しました。つまり、従来の仮定1が却下されたのです。

そして、仮定2も再考を余儀なくされています。従来の仮定2は、MBAのプログラムは、授業でアカデミックな内容を学生に提供することに加えて、キャンパスでの生活を通じて、学生にネットワークの場を提供することが使命（ミッション）でした。ところが、学生はキャンパス閉鎖のため、そこでの生活を送ることができません。講義はオンラインで受講できますが、学生にとってビジネススクールに入学するもうひとつの大きな理由である、ネットワークづくりができないのです。

さらに、仮定3についても、問題が起きています。ビジネススクールの授業の多くでは、ケースメソッドを使用します。もちろん、オンライン、Zoomなどでケースメソッドを使って講義をすることは可能です。その一方で、オンライン講義を2020年の3月から半年以上行なってきた教授は、やはり対面での討議の臨場感と、肌で感じる体験がオンラインではつくり上げられないとの評価を下しています。このままコロナ危機が継続するとなると、仮定3も見直しをする必要が出てきます。つまり、従来のビジネスの仮定1から仮定3すべてが、2020年3月以降に当てはまらなくなったのです。

3つの仮定が機能していた時代もあったけれど、その仮定が時代の変化とともに満たされなくなった例としては、アメリカ最古の衣料小売ブランドのブルックスブラザーズ(Brooks Brothers)があげられます。

ブルックスブラザーズの3つの仮定

ブルックスブラザーズは1818年にニューヨークのマンハッタンで創立した長い歴史をもち、日本でもお馴染みのブランドです。日本では、1979年に青山通りに旗艦店を設立し、店の前にアメリカの企業として日の丸を掲げていたのが印象的でした。ブルックスブラザースは、19世紀半ばより20世紀にかけて数多くの「世界初」を導入したことでもアメリカでは知られています。その中でも、オーダーメードではなくて、既製(ready-to-wear)のスーツの導入、アメリカン・トラディショナルの代名詞でもあるボタンダウンシャツをイギリスのポロ競技からヒントを得て製品化、また東海岸のアイビー・リーグの学生に好まれたスーツをデザインし、その後も、いわゆるアメリカン・トラディショナルの2つボタンのスーツで有名になりました。

1950年代から1970年代のアメリカの大企業のビジネスエグゼクティブの制服といえば、グレーの2つボタンのスーツにボタンダウンシャツ、それにストライプのタイ、シャツの色は白かブルー、そしてブッルクスブラザーズが導入したピンクのシャツ、といえば、このブランドのイメージが湧くのではないでしょうか。

余談ですが、1960年代の東海岸のエスタブリッシュメント、特に大企業の企業文化を的確な時代考証で制作した映画に、2019年11月公開の『Ford v Ferrari（フォードvsフェラーリ）』があります。映画の内容は、アメリカのフォードがどのようにイタリアのフェラーリを1966年のルマン24時間レースで破り、総合優勝を成し遂げたのかを主題としていますが、当時のアメリカの大企業（フォード）とロサンゼルスのスタートアップ（シェルビー）の企業文化の違いも、興味深い伏線となっています。服装の違いだけではなく、発想の違い、仮定の違い等々、現在のシリコンバレーのスタートアップと大企業の違いにも相通じるところがあります。この映画の中で、フォードのエグゼクティブのほとんどが（第3章で言及したリー・アイアコッカの役を除いて）ブルックスブラザーズ型のグレーのスーツを着ています。

このようにブルックスブラザーズというブランドをアメリカン・トラディショナルとして確立した1950年代から1970年代には、仮定1（アメリカの東海岸を中心としたアメリカ大企業の企業文化）、仮定2（そのマネジメント、エグゼクティブ向けの服・アクセサリーの提供）、そして仮定3（アメリカン・トラディショナルの伝統に基づくデザイン、素材、生産）がうまくマッチし統合されていました。

ところが、その後21世紀に時代は移り、古い経済からデジタル経済への進化、人口動態の変化、多様化の進展、ビジネスウェアのカジュアル化、スポーツウェアのライフスタイルウェア化等により、アメリカの国内市場におけるブルックスブラザーズの相対的な地盤沈下が起こり始めました。言い換えると、ドラッカーの3つの仮定に破綻をきたしたのです。そして、コロナ危機が引き金となり、2020年7月にアメリカで倒産処理手続きを申告しました。

見解は勘ではなく、仮定に基づく仮説

さて、話を戻して、体験・観察はこの理論にどのように作用するのでしょうか。企業に

特定の「ビジネスの理論」は、マネジメントに携わる人の見解（opinion）として始まるのが通常とドラッカーは述べています。マネジメントのチームあるいは経営者がある国とその市場を訪問する、そこで生活することが重要なことは、すでに述べてきた通りです。その国で体験し、観察し、空気を肌で感じ、そこに住む人たちと話をし、インタビューをすることを通じて、はじめて洞察が導き出せるのです。

そして、この体験・観察・洞察を通して、日本、さらには世界の市場に関する「見解」に到達できます。この意味において、海外の消費者、顧客を知り、顧客のニーズを理解すること、そして外国の社会、文化の違いを知ることが、世界に進出するためのビジネスの理論をつくり上げる際に、大きな助けとなるのです。

繰り返しますが、そこで重要なのは、経営者の体験から得た「勘」を「見解」とするのではなくて、その「見解」のもととなる「仮定」を明確に表し、その「仮定」を絶えず検証していく必要があるということです。言い換えると、**見解は勘というよりは、仮定に基づく仮説**なのです。

図表12aは、この議論を図式化して表しています。図表12aの「仮定」の箱がドラッカーの「ビジネスの理論」を表し、その箱の中に記載してある番号は、ドラッカーの3つの仮定を示しています。「体験・観察」と「洞察」の箱は、本書でこれまで述べてきたこと

図表12a｜体験・観察と「ビジネスの理論」

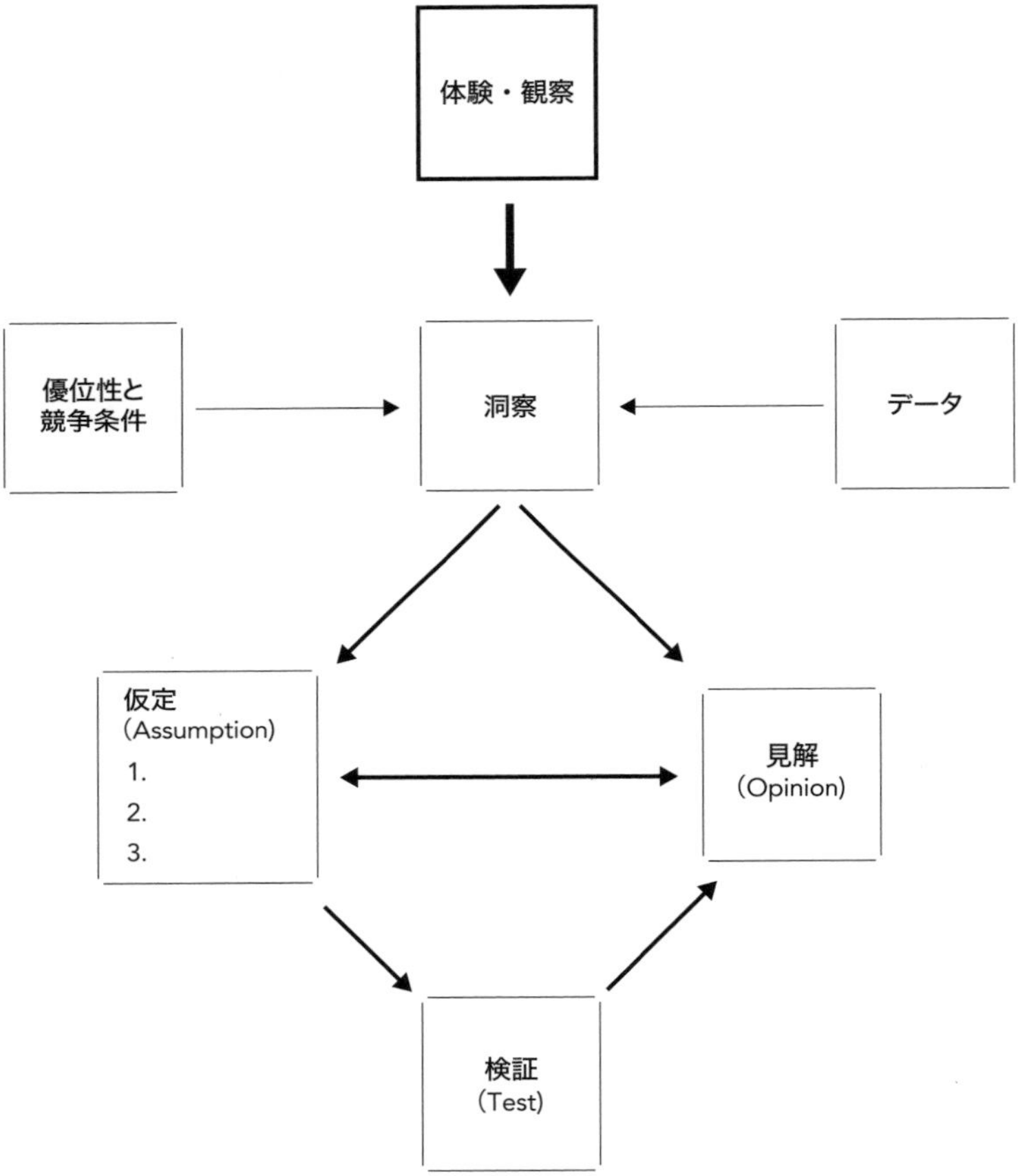

をまとめる箱です。前章で導入した、新しい市場への進出の基盤となる優位性を決める諸条件も、データと同様に、洞察、仮定、そして見解を導くための過程において、重要な役割をもっています。

SK－Ⅱを推進したP&Gのラフリーの思考

まず、この図式を「チェックリスト」として、既存の事例に応用してみましょう。**図表12b**は、日本から海外へ進出するのではなく、海外の企業が日本の特定市場に参入した例を使い、マネジメントチームの思考の流れを表しています。アメリカのプロクター&ギャンブル（P&G）が1990年代中期に日本で開発し導入した化粧品SK－Ⅱを例として、当時P&Gのアジア地域のヴァイスプレジデントとしてSK－Ⅱプロジェクトを推進したA・G・ラフリー（A. G. Lafley）の言葉に基づいて図式化しました。ちなみに、ラフリーは後にP&Gの会長、社長、CEOに就任しています。

ピーター・ドラッカーの経営哲学に感銘し、彼をメンターとし、さらに、デザイン思考を暗黙裡に導入したラフリーは現役時代の2000年代に、ドラッカースクールに数回にわたり来校しました。その際に彼が常に語っていたことで筆者の印象に強く残っている言葉は、「P&Gにとって、どこで戦うのかの問いは、常に消費者から始まります。彼女の行動を観察し、彼女の家を訪問して、彼女を真に深く理解することからすべてが始まります」というものです。[†4] すなわち、日本における観察と体験が図表12bの最上部に位置する箱の中身を意味しています。国内市場への参入の際にもこの箱は重要ですが、顧客の行動・嗜好をよく知らない海外市場に進出する際には、その重要性が一層高まるといえるでしょう。

読者の方はすでによくご存じのように、P&Gは1972年から日本の市場に参入し、長い年月の間、日本の市場で成功と失敗を重ね、日本の消費者について学習してきました。A・G・ラフリーの「日本の消費者は世界で一番要求水準が高いので、P&Gはそこで競争して、切磋琢磨しなければいけない」という言葉が、P&Gの日本市場へのコミットメントを表しています。言い換えると、日本の優位性と競争条件を理解して、仮定2の使命を明言しているのです。

そして、2000年代半ばには、P&Gはアメリカのシンシナティの R&Dセンターで研究・開発した製品を世界の市場に投入するモデルから、世界各地の子会社からイノベーションを採用・調達するモデルへと大々的な組織再編を行ないました。1993年に設置

†4 P&Gの戦略についてはA. G. Lafley and Roger L. Martin, *Playing to Win: How Strategy Really Works*, Boston, MA: Harvard Business Review Press, 2013が参考になります。

図表12b｜体験・観察と「ビジネスの理論」

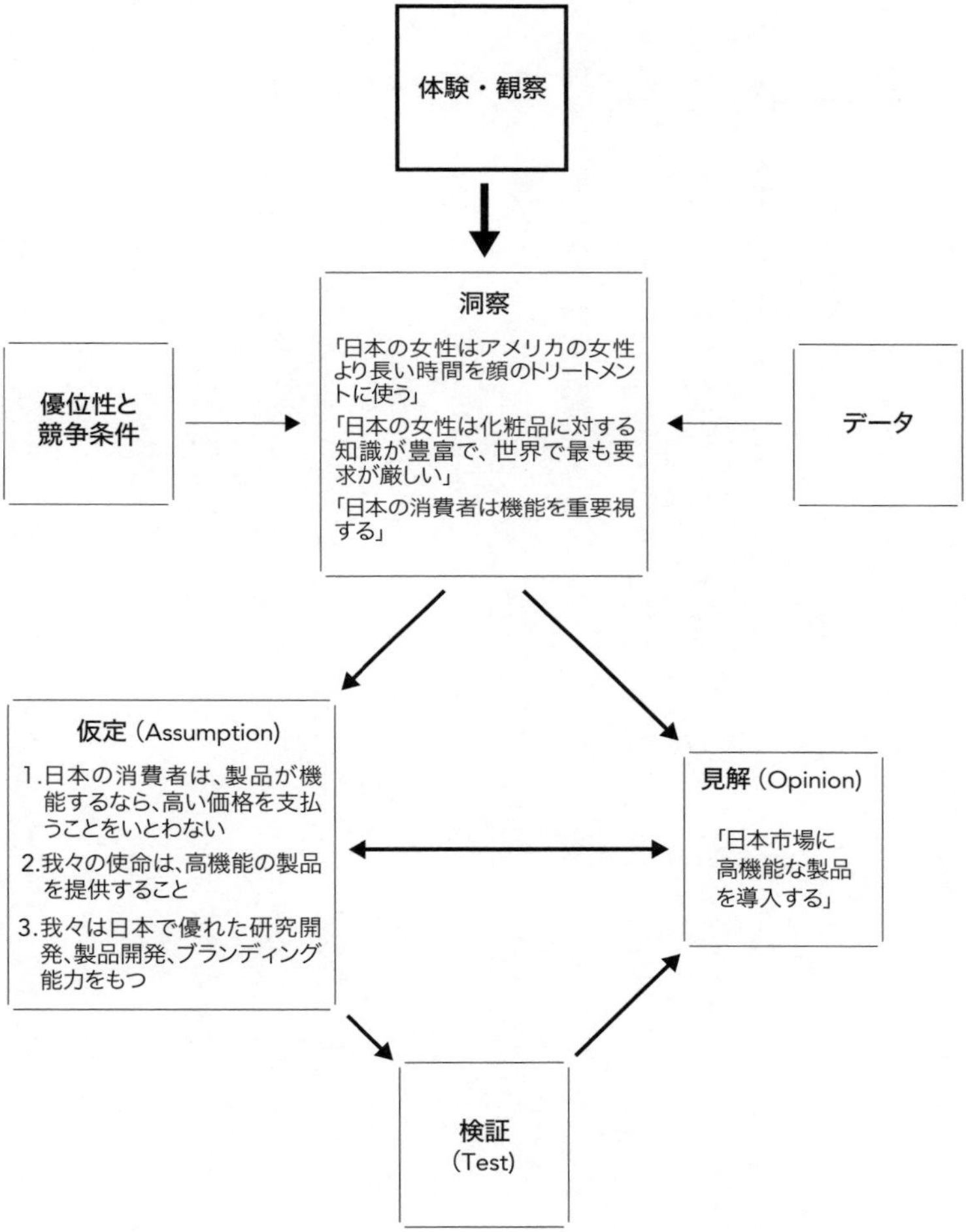

した神戸のテクニカルセンターが、日本市場向けの製品開発を行ない、大きな役割を果たし、日本市場でのR&D、製品開発、そして製造のために蓄積した経営資源と能力は、仮定3を満足させるに十分だったといえます。

第3章から第5章で、アメリカの消費者のペルソナを紹介し、彼らの欲求と希望を洞察しました。さらに体験に基づく、アメリカの社会、市場、そして消費者の行動から気づいた点をお話ししました。ここで強調したい点は、図表12aに既存企業の例を後づけで当てはめるのではなく、図表12aを実際に使うことです。そのためには、図表12aを「チェックリスト」とするのがよいかと考えます。

- 自分の体験・観察から何が洞察できるのか?
- 客観的なデータと優位性・競争条件の分析から何が洞察できるのか?
- それらから、どのような「見解」が導けるか?
- 「見解」を支える「仮定」は満たされているのか?
- 「仮定」はいつ「検証」したのか?　その結果は?
- 従来の見解と仮定を変える必要があるのか?

これを使ってみましょう。仮に若い消費者を対象としたビジネスを想定して、図表12cをつくってみました。

仮定1はビジネス環境についての仮定、仮定2は企業の使命に関する仮定、そして仮定3はコアコンピタンスに関する仮定です。この3つの仮定が互いに整合的であり、それぞれの仮定が満たされるときに、見解に青信号ゴーサインが点灯する、というのが流れです。図表12cの仮定では、第3章から第5章で紹介したペルソナのニーズまで下りて、仮定1から仮定3を考えている点にも着目してください。ここで重要な点は、図表12bで見たように、市場の消費者の「したいこと」「のぞむこと」をはっきりと認識すること、そして、これらを満たすための能力を備えもつことが必要です。それをもたない場合には仮定3が満たされません。言い換えると、ある製品・サービスを提供する能力・機能があっても（仮定3が満たされている）、顧客の欲求・希望にマッチしていない（仮定1と2が満たされていない）場合には、ビジネスが成り立たないことになります。仮定1と2がOKでも、仮定3がダメな場合にも、成功しないのです。

図表12c｜体験・観察と「ビジネスの理論」

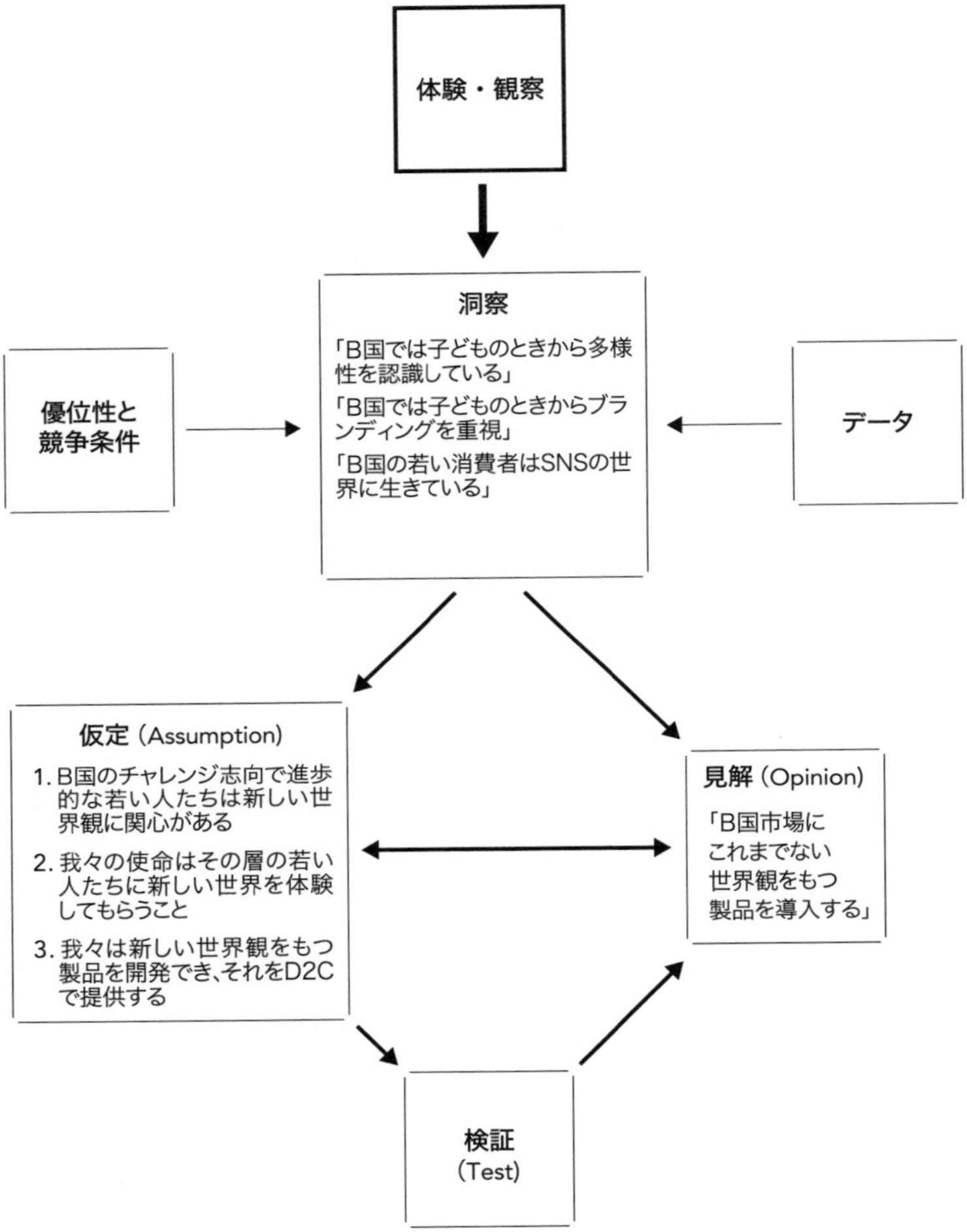

メールオーダーからオンラインストアへ

先にアメリカのブルックスブラザーズの例を紹介しましたが、新型コロナウィルスが引き金となって2020年の前半に倒産した類似の例は、アメリカンカジュアルのJ．クルー（J. Crew）があります。読者の方の中には、倒産の理由は多分オンライン化に後れたのかな、と思われる方も多いかと思います。ここで、少し余談になるかもしれませんが、アメリカにおける顧客への販売方法の変遷について、簡単に消費者の観点からお話ししたいと思います。

ご存じのように、国土が広く、都市部を除くと町と町の距離が遠く離れているため、アメリカにおける小売の形態としての通信販売には長い歴史があります。[†5] 1886年にイリノイ州で時計をカタログによるメールオーダーで販売したのがそのはじまりのシアーズ・ローバック（Sears Roebuck）は、8年後の1894年には時計以外の製品も手がけ、そのカタログページ数は322ページまで膨らみました。

20世紀に入り、手がける商品は家電製品、バイク、スポーツ用品から自動車部品まで、

†5｜Boris Emmet and John E. Jeuck, *Catalogues and Counters: A History of Sears, Roebuck & Company*, Chicago: University of Chicago Press, 1965を参照。

家庭で使われるものはすべて網羅して、シアーズのメールオーダーは大きく成長しました。そして、1925年にシカゴに出店したのを皮切りに、シアーズの戦略の焦点がカタログによるメールオーダーから大型の家庭用百貨店に移行したのでした。アメリカを訪れたことのある方は、大きなショッピングモールには必ずといってよいほどあったシアーズの大型路面店を覚えているのではないでしょうか。

売っていないものはないような大型店舗で扱われる商品は、家庭で一般的に使われる平均的な汎用商品がその中心でした。言い換えると、高品質、専門的な機能をもつ製品、差別化された製品、高級品は、一部を除き、シアーズの品揃えには基本的には入っていませんでした。つまり、これまで住んでいる町では手に入らなかった「物」へのニーズを満たす使命から、規模に基づいて低価格な商品を提供することへ、とシアーズの使命が変わったのです。

近年では、特にウォルマート、アマゾンからの競争圧力が増し、ついに2018年に倒産申告をしたのは記憶に新しいところです。

アメリカでは、このカタログによるメールオーダーというのは、シアーズ以外にも、差別化した商品、専門用品を扱う特定のカテゴリーとクラスに焦点を合わせた小売店によって綿々と行なわれてきました。みなさんがご存じのブランドでは、1980年代にはヤッピーのブランドであったニューイングランドのスポーツ・アウトドア用品のL．L．ビーン（L.L. Bean）、西海岸北部のワシントン州発のエディー・バウアー（Eddie Bauer）[†6]、そしてニューヨーク発のJ．クルーがカタログの店としてあげられます。

これらの店は、インターネット以前の遠い昔から、電話あるいは郵便で注文を受け、品物を郵送するという仕組みで製品を販売していました。ブルックスブラザーズもオンラインストアの前はメールオーダーを行なっていました。つまり、アメリカのメールオーダー販売は、シアーズのような文字通りの〝百貨店〟と、大規模小売店が扱わない部門と価格帯に焦点を合わせる専門店が共存する構造でした。

インターネットの時代になり、ドットコムブームが到来した１９９０年代に、メールオーダーに慣れ親しんでいたアメリカの消費者が躊躇せずに、素早くオンラインによるeコマース（ネットショッピング）に馴染んだという事実は、他国の事情とは違います。

それまでは、小切手を注文書と一緒に郵送していた消費者からすると、オンラインでの注文の速さ、簡単さは、驚くべきものがありました。アメリカの消費者にとっては、カタログによるメールオーダー、ネットショッピング、そしてオンラインによる直接販売は、自宅から注文して配達してもらうやり方の単なる進化だったのです。その結果、新しいモードが導入されても、消費者が拒絶反応を起こさなかったというわけです。

†6｜Marissa Piesman and Marilee Hartley, 1984, op.cit.

シアーズは開業当初は、時計と貴金属のカタログメールオーダーという特定の分野と顧客層で成功を収めたのですが、特に1980年代以降は単なる大規模低価格小売店に軸足を移して失墜したのは、なんとも皮肉な結果です。

シアーズ創設時の「ビジネスの理論」、つまり「環境」「使命」「コアコンピタンス」に関する3つの仮定を時代に合わせて改定し、路面大型店舗に戦略の焦点を変更したまでは良かったのですが、その後の時代には、どうも3つの仮定を従前通りに受け入れ、競争環境の変化に対応してこなかったように見えます。そしてそれが致命的になったのです。

ここで強調したいのは、3つの仮定の整合性と、ドラッカーが事あるごとに述べた、仮定は絶えず検証しなければいけませんよ、という忠告です。オンライン化、デジタル化は、もちろん時代の流れで誰でも使わなければならない必要不可欠なツールなのですが、それと同等か、それ以上に必要なのは、一体我々の組織・企業にとって重要な仮説はなんだろうかと問うことです。デジタル化、オンライン化は産業・経済のすべてに影響を及ぼす一方、見解・仮定は個々の組織・企業で大きく異なります。仮定を間違えば、すべてに支障をきたすようになるのです。

さて、オンライン化とは別の理由で、ブルックスブラザーズとJ．クルーがコロナ危機中に、あるいはエディー・バウアーが10年以上前に破綻したとも考えられます。3つの仮説のうち2つ、特にブルックスブラザーズは、仮定1「企業を取り巻く環境に関する仮定」と、仮定2「企業の特定の使命に関する仮定」がコロナ危機以前から徐々に満たされなくなってきたなというのが、アメリカに住む長年の顧客としての筆者の見解です。ざっくりいうと、「なんか最近、買いたいもの売ってないねー」というのが実感です。

それに追い討ちをかけるように、最近では、新しい世界観と意味に焦点を当てる事業の仮説が脚光を浴びています。たとえば、エバーレーン（Everlane）はオンラインでスポーティーかつクラシックかつモダンなアメリカのカジュアルウェアの小売ブランドで、高品質、倫理性・社会的目的、そして〝革新的な透明性〟を推進力とするいわゆる目的主導（purpose-driven）型のスタートアップです。オンラインストアでは、エバーレーンの服の生産費用とマージンを同業他社の製品の生産費用とマージンと比較して公表し、目的のひとつである〝革新的な透明性〟を実行しています。

つまり、ブルックスブラザーズとJ．クルーは、その商品構成とデザインだけでなく、意味、世界観についても、時代の変化に後れをとり、新しい世代の消費者・顧客の求めるものに関する仮説を満たすことができなくなっていた、といえるでしょう。

デジタル化だけの話ではなく、いかにして「見えざる」あるいは「見えていない」顧客の心をつかむのかが要という点が、まだここでも浮き上がりました。

第10章

顧客の心をつかむ

顧客は決して製品を買うのではない。
当然、顧客はある欲求を満たすために買う。
彼は価値を買うのだ。

Peter F. Drucker †1

高校生のお気に入りアプリ

さて、ここまでの章では、新しい市場、未知の国に進出するには、その市場の「見えざる顧客」と「見えていない顧客」の心をつかむことが必要と、繰り返し述べてきました。実務の方からすると、何を今さら、そんな自明なことに本1冊の大部分を費やしてきたのかとお叱りを受けるかもしれません。ところが、このことは明らかなのですが、いくつかの要因により、顧客の心をつかみきれない状況が生まれることがあります。

この章では、その点について、企業の視点からではなく、「見えざる顧客」「見えていない顧客」、あるいは街にいる普通の人の視点から、触れてみたいと思います。

街にいる普通の人の視点から情報を得るために、南カリフォルニアに住むアメリカ人のZ世代（1990年代半ばから2000年代前半までに生まれたGenZ）の高校生数名にどのようなアプリを使っているかを聞いてみました。最近のデータによると、16歳から24歳の年代の人たちが、毎日最も長くアプリを使う年代です。

このグループが素早く答えてくれたアプリは、ティックトック（TikTok）、インスタグ

†1 | Peter F. Drucker, 1973, op.cit.

ラム（Instagram）、ユーチューブ（YouTube）、スナップチャット（Snapchat）、ネットフリックス（Netflix）、スポティファイ（Spotify）、ピクスアート（PicsArt）、アマゾン（Amazon）、ツイッター（Twitter）で[†2]、これら9つのアプリはすべて2019年の世界中のダウンロード数トップ20位以内にランクされています[†3]。

ちなみにトップ20にランクされたアプリのうち14がアメリカ発、3つが中国発、残りがそれぞれシンガポール、スウェーデン、そしてインド発となります[†4]。なぜ、この9つのアプリを使うのかという質問には、この高校生たちは「それぞれ用途が違うから」「便利だから」「使いやすいから」「ソフトウェアのデザインが良いから」「情報、ニュースが得られるから」「友だちが使っているから」「楽しいから」「他の人に会えるから」「友だち、知り合いとコミュニケートできるから」「他の人を楽しませて、フィードバックが来るから」「コミュニティだから」と答えてくれました。

アプリ成功の要因は技術？　経済条件？　競争条件？

なぜ、これらのアプリが世界中で使われているのかとアプリの企業に聞いたとすると、

†2｜この高校生たちはFacebookを使っていません。

†3｜https://www.businessofapps.com/data/app-statistics/によります。

†4｜トップ20にランクインしたその他のアメリカ発アプリは、WhatsApp、Messenger、Facebook、YouTube Music、Uber、Wish、Helo、中国発がTikTok、UC Browser、SHAREit、シンガポール発がLikee、スウェーデン発がSpotify、そしてインド発がHotstarとなります。

アプリをローンチして、インストールベース（ユーザー数）を素早く拡大して、ネットワークの外部性を確立し、ユーザーのスイッチングコストを高めたからです、との説明が聞かれるのではないでしょうか。

簡単な日本語にすると、みんなが使っているから私も使いたいという状況をつくり、さらに多くの人たちが使うと、その利便性がさらに高まり、一度使い出すと簡単には抜け出せなくなるようにする、ということになるかと思います。

もちろんこのような、技術、経済条件と競争条件は重要な成功要因なのですが、先ほどの高校生たちの言葉を思い出してください。彼らがあげた理由からですと、機能性（用途、利便性、使いやすさ、デザイン、内容）、複数の人とのコミュニケーション、コミュニティの中での触れ合い、そしてエンターテインメントと楽しさが大切なようです。

さて、この「普通の高校生」がこれらのアプリを選ぶ理由を、第7章で紹介した図表9の4つの欲求と擦り合わせてみましょう。どうやら、このカリフォルニアのペルソナが示した欲求のうち、「機能」「自己充足（快適、楽しみ、満足）」「所属」の欲求を満たしているようです。

自分の写真・ビデオを投稿して、他人から良い評価を受け、閲覧回数が多くなると、ある達成感を感じ、コミュニティで名声を得て、承認されるとなれば、図表9の左側の「自己充足」のニーズも満たすことになるともいえます。そうしますと、図表9の4つのニーズのすべてを高校生のお気に入りのアプリが満たしていることになります。

逆にいうと、高校生の間でポピュラーでないアプリは、このニーズのすべてあるいはいくつかを満たしていないともいえます。企業の視点からの技術、経済条件、競争条件、戦略はアプリを市場に導入した後に成長する際には非常に重要となりますが、初期段階での**ペルソナの「したいこと」と「のぞむこと」を満たさないと、その後の成長にとっては致命的な痛手となるともいえそうです。**

お家の事情が市場を限定する

アメリカ発のアプリが世界で最も多くダウンロードされているという事実は、シリコンバレーの成功・知名度からすると、驚くべきことではないかもしれません。

ところが、もう少し深くデータを読むと、アメリカ発のアプリの存在感は、世界の他の国と比べると、中国、韓国、台湾、そして日本の市場ではそれほど高くないといえます。言い換えると、アメリカ発のアプリに対する需要は、国内発のアプリへの需要が高い国ほど相対的に低いといえます。[†5] そして、中国、韓国、台湾、日本では、自国のアプリがその国でのトップランキングに入り、それらのアプリは近隣のアジア諸国では需要がある一方、中国発のティックトックを除いて、全世界的に需要が高いとはいえないようです。[†6]

このように**アジア発のアプリは、例外はあるものの、近隣の地域に市場が限られる理由はなんでしょうか。**

国内市場のユーザーのニーズを考慮してつくられたサービスは、どうしてもその国特有の社会、文化、習慣、課題、言語、思考、ユーザー行動に基づいているので、それらの条件が比較的に類似しており、理解でき、共感を覚えるユーザーがいる近隣の国や地域には進出できる、といえそうです。東アジアの国のアプリが、その国に固有の課題を解決する方向に向かえば向かうほど、市場が限られてしまうのかもしれません。

その一方、南カリフォルニアに住むアメリカ人のZ世代にポピュラーなアメリカ発のアプリは、人間、そしてユーザーの高い次元での「したいこと」「のぞむこと」に応えているので、普遍性が高く、国境を越えられるといえるのではないでしょうか。[†7] 日本発のアプリには、日本に固有の課題を解決する方向に進むのか、普遍的な欲求・希望・ニーズを満たす方向にいくのかが問われています。

†5 たとえば、Caribou Digital, *Winners & Losers in the Global App Economy*, Farnham, Surrey, United Kingdom: Caribou Digital Publishing, 2016.

†6 Caribou Digital, 2016, op.cit.　LINEはアメリカでもダウンロード数が増えてはいるものの、インタビューをした高校生は誰も使っていませんでした。その他の日本発のアプリでは、ニュースのSmartNews、語学学習アプリのHiNativeも海外での使用者が増えています。

ミルコルからピカブルへ

本書の第1章から第5章では、デザイン思考の方法論からヒントを得て、顧客の行動・考え・思いを理解し、そこから彼らの欲求・希望・課題を洞察しました。課題がわかり、新しい解決策、あるいは新しい事業機会が見つかったならば、素早くプロトタイプをつくり、それを市場に投入し、ユーザーの評価を仰ぐ、という流れもデザイン思考の重要な過程です。

このプロトタイプをつくり、素早く市場に導入するという点は、リーン・スタートアップ（lean start-up）のモデルと重複しているので、ご存じの方も多いかと思います。

リーン・スタートアップのモデルでは、デザイン思考と同様に、起業家が新しいアイデアを仮説として提示し、そのモデルの仮定を実際の市場、初期段階の顧客でテストする。もし十分な関心が顧客から得られなかった場合には、素早く、もとの仮説の一部、あるいは仮説全体を変更するプロセスが重視されます。このテストでは、プロトタイプ、あるいは最低限のスペックの製品・サービス（minimum viable product）を使い、スピード感を

†7｜日本の国内需要と海外の需要条件の違いが、海外進出を難しくしている製品・サービスの例としては、ヤマト運輸の「宅配」サービス（日本との違い：キメの細かい時間設定ができる配達サービス、配送地区あたりの人口密度、品物を投げたり放ったりしない丁寧な取り扱い）、テッセイの新幹線7分お掃除サービス（清潔さのレベル、過密運行ダイヤ）、ウォシュレット（習慣・文化、バス・トイレ内の電気配線）等があげられます。

もって実行することがポイントです。[†8] 本書では、図表12ａの仮定1から仮定3のうち顧客に関する仮定1、そして、それを導く洞察の検証の流れで、このプロセスを示しています。

このプロセスを使って新しい洞察を導いた例を紹介しましょう。小島貴之さんは、新しいアプリを日本の市場に導入しようと意欲を燃やしている若い起業家です。２０１８年の暮れころに、小島さんが描いていた案は、音楽を情景に合わせて選べるアプリでした。

その後数カ月経った２０１９年の４月に彼からメールが届きました。

「(例の) 音楽&ボイスラジオアプリですが、ユーザーの心をつかむことができず、残念ながら撤退することになりました。しかし、このアプリ開発を行なう過程で、非常に重要なインサイトを得ることができました。そのインサイトをもとにつくったサービスを来月リリースする予定です。それがＰ２Ｐ（ピアツーピア）でおしゃべりしながら、リアルタイム同期で一緒に動画を見れるアプリ『ミルコル』です」

ユーザーの心をつかめなかったプロトタイプは、音楽を聴く、あるいは誰かと一緒に聴くというのが、その目的でした。その後、小島さんは、遠距離交際をするガールフレンドをもつペルソナを考えました。遠くにいる彼女と一緒に音楽を聴いたり、動画を見るのは楽しいけれど、彼女と「一緒におしゃべり」しながら動画を見られたら、もっと嬉しくワクワクするね、というペルソナです。このアプリの機能はもちろん重要ですが、ユーザー

†8｜Steve Blank, 2013, op.cit.

の心をつかむのは、「一緒におしゃべり」です。遠くにいる彼女と、心を打ち明けて話をし、一緒に笑い、一緒に感動する、のが大切なことです。

言い換えると、初期の課題は「音楽を誰かと一緒に聴く」だったのですが、市場からのフィードバックを得て、もう一度洞察をやり直したところ、浮き出てきた新しい洞察は、一緒におしゃべりするのは楽しい、だったのです。そこで課題を考え直して、「一緒におしゃべりしながら、一緒に感動する」ことが新しい課題になったのです。

彼は、ユーザーの普遍的な欲求のひとつである所属への欲求の大切さに気づき、ユーザーの共感を呼び、ユーザーが感動することが重要という洞察に、最初のつまずきから到達したのです。

新型コロナウィルスの感染が世界的に広まり始めた2020年の2月に小島さんからまたメールが届きました。

「通話やチャットをしながら、離れていても一緒に動画やウェブサイトを楽しめるアプリ『ピカブル』をリリースしたところ、リリースから3カ月で、毎日のようにアクティブに利用するユーザーや、利用時間が100時間を超えるユーザーが現れました。まさにプロトタイプを素早くつくり、ユーザーからフィードバックを得て、改善するサイクルをいかに早く回すかが大切だと実感しております。ユーザーからの好評を得たため、3月中旬に正式版をリリースすることにいたしました」

小島さんのアプリ「ピカブル」はコロナ禍による外出自粛の状況で、2020年の5月ごろには、急激にユーザー数を伸ばしたようです。[†9]

企業が行なう「国」のブランディング

さて、顧客・ユーザーの心をつかめるかどうかのテストも納得がゆき、いよいよ市場に導入する段階となりました。この次の段階では、需要を素早く喚起するためのマーケティングと販売促進を加速しなければなりません。さらには、ブランドを確立するためのブランディングも重要です。リーンで始めて、状況が悪くなったらすぐ退出というアプローチは、それはそれで合理的ですが、ある時点で、腹をくくって顧客を獲得し、マーケットを開発するサンクコストの投資も必要です。

海外の顧客にアピールし、需要を拡大するために日本の製品・サービスに求められているのは、先に述べたように、**顧客の「したいこと」と「のぞむこと」に応えることなので**すが、**その助けをするのが、ブランディング**です。ブランドをつくるための作業をブラン

†9 | https://www.fujitv-view.jp/article/post-102293/

ディングと呼びますが、これは単に会社のロゴのデザイン、広告をすることではありません。製品・サービスはもちろんですが、企業全体のブランドをつくり上げることを指しています。

第6章の図表7でアメリカ市場のドイツのブランド、企業を紹介しましたが、ドイツの企業は、ブランディングが昔から得意です。たとえば、BMWは車の性能・デザイン・イメージを全モデルにわたり統一感をもたせるとともに、ディーラーの建物・色・内装、ウェブサイトのデザイン、カタログのデザインと色、さらにはミュンヘンの本社の建築、博物館のデザインに至るまで統一感があり、白・銀の色で質感を出しています。顧客が手にするもの、見るもの全体にわたり高級感と性能を漂わせるブランディングは、よく知られています。

ポルシェも同様であり、ジャーマン・エンジニアリング（German Engineering）は、まさにわれここにありという主張をし、航空会社のルフトハンザも、フランクフルト、ミュンヘンの飛行場の内部、ウェブサイト、チェックインカウンターからラウンジ、そして航空機にいたるまで、色と質感に統一感をもたせ、白と青と黄色を見ただけですぐにルフトハンザと想起できるぐらいです。

このような「企業のブランディング」に加えて、世界の市場では、「国のブランディング」が往々にして重要になる場合があります。これは、消費者・顧客の心をつかむために、企業がその市場でとる戦略とも密接に関係しています。第8章では、国際優位性の話をしましたが、日欧米の先進諸国では、純粋にその国で製造した製品を海外に輸出する比率が低下しているのは周知の通りです。そうしますと、これまでのメイド・イン・ジャーマニー（Made in Germany）がメイド・イン・スロバキア（Made in Slovakia）であったり、メイド・イン・USA（Made in USA）[†10]に知らないうちに取って代わっていたりするのです。メイド・イン・ジャーマニーのうたい文句が使えないので、ジャーマン・エンジニアリングが代わりのキャッチフレーズとして使われるというわけです。

Eataly――「イタリア」に徹するイタリア

さて、他の国はどうブランディングしているでしょうか。メイド・イン・USAの製品は、とうの昔に稀になりましたが、そこでアップルが思いついたのがデザインド・イン・カリフォルニア（Designed in California）なのです。フランスのポロシャツの老舗ラコステも一時期は、これを借りてか、デザインド・イン・フランス（Designed in France）と

†10｜ポルシェは生産の一部を車種によってはスロバキアのVWの工場で行っています。メルセデス・ベンツとBMWは北米向けのSUVの多品種をアメリカ内の工場で生産しています。

名乗っていたことがあります。

中国はどうでしょうか。現在ではメイド・イン・チャイナ（Made in China）がいたるところで目につくのですが、それではブランディングに逆効果と考えた企業もあります。数年前に、スマホの充電器をアマゾンで購入した際に、筆者が選んだブランドは、デザインもシンプルで、機能も良い、さらにパッケージングのデザインも良いアンカー（Anker）でした。届いた青い箱には“America's Leading USB Charging Brand”と書いてあります。最近アメリカで買える製品はすべて中国製みたいなものですから、Made in Chinaと箱に書いてあっても、てっきり、アメリカのブランドが中国から調達しているのだと思い込みました。ところが、よく調べてみると、なんのことはないアンカーは中国のブランドで中国製という、純中国製でした。

これと正反対な戦略をとるのが、イタリアです。イタリアはどんなことがあってもイタリアに徹します。アパレル、ファッションはもちろんのこと、フェラーリにしても、マセラティにしても、家具にしても、照明器具にしても、キッチン用品にしてもメイド・イン・イタリー（Made in Italy）が命であり、「製品にイタリアの歴史、文化、生活、風土、感動、血が籠もっています」というのが、よくご存じのブランディングです。

北米市場で売られるフィアット500（FIAT500）はメキシコで組み立てられていますので、メイド・イン・イタリーとはいえないのですが、ブランディングはこの伝統にのっとり、"Italian Car（イタリアの車）"を貫いています。イタリアの高級食材販売とレストランを抱き合わせた食料品店を本国イタリアはもとより、世界的な規模で展開しているイータリー（Eataly）は、日本でいうと、地方の食品名産店を集めた高級マーケットとでもいえるのですが、そのブランディングは、高級（アップスケール）、洗練、学べて楽しい、そしてイタリア、イタリア、イタリアといえます。場所もアップスケールな場所を選び、建築、外装、インテリア、商品の展示等に統一感を出して、「イータリー」のブランドをつくり上げています。†11

「日本」をブランディングの一要素として考える

さて、日本の企業が、日本をブランディングの一要素として考えるとすれば、どうなるのでしょうか。もちろん、1970年代以降の日本製品はメイド・イン・ジャパンが製品の「高い品質、信頼性、実用性、合理性、価値」を表していたといっても過言ではないで

†11｜この本を書いている時点では、日本には丸の内と日本橋三越内にもありますが、イタリアとアメリカの店舗のイメージ、規模とはだいぶ違います。2020年に新しい店舗が原宿にオープンしたようですが、筆者はまだ訪れていません。

しょう。多くの製品で、メイド・イン・ジャパンといえなくなっても、この特徴はいまだに継承されているといっても過言ではないと思います。

その一方、この本では、消費者・顧客は機能的なニーズのほかに、所属、自己充足といった主観的な欲求ももっていることを強調してきました。これからの時代には、客観的な機能のニーズに応えるだけではなく、それを超えたニーズ、欲求・希望にも応えることが、世界の市場を開拓するひとつの方向といえるでしょう。

世界の若い世代の人たちにとっての日本は、機能に基づく日本伝統のブランドに加えて、日本の文化とそのサブカルチャーが最近のブランドでもあります。その源にあるのは、伝統的な西洋の文化・社会・生活様式・考え方を超えた、独自のものをつくり上げる日本のパワーに対する尊敬、憧れ、共感です。日本のこの力が、海外の若い次世代の消費者・顧客・ユーザー・街の人たちの欲求の琴線に触れたときに、新しい需要をつくり上げることを願ってやみません。

最後のワンマイル

この本では、はじめの一歩から国のブランディングまで短時間で到達しましたが、洋の東西を問わず、産業を問わず、潜在的顧客を実際の顧客に変えて、ビジネス成立のゴールにたどり着くまでの「最後のワンマイル」が、とても長いことは、みなさん、よくご存じのことと思います。優れた技術、並外れた性能、美しいデザインを誇る製品でも、顧客から最後の最後にそっぽを向かれたのでは、意味がありません。

この点について、日本の「古い経済」で活躍した企業から学ぶことはあるでしょうか。1980年代に日本の企業がアメリカ市場で大きな成功を収めた理由には、一般的に製品の機能性と品質、そして生産工程における効率性があげられますが、あまり知られていないけれど重要な要因に、流通機能と顧客へのサービス機能を向上するために行なった直接投資があります。

このような投資は、自動車・オートバイ産業のみならず、家電、事務機器、カメラ、時計、おもちゃ、アウトドア車両・機器、そして楽器産業と、当時の日本の花形輸出産業の多くが行なっていました。具体的には、流通・ロジスティックス機能の強化と整備、現場販売組織の強化と整備、アフターセールスサービスの拡充、顧客・ユーザーのサポート、顧客・ユーザーに関する情報・データの取得、そしてマーケティング・キャンペーンと販売促進を推進するための機能と組織への投資です。

日本企業のアメリカ進出が急進した1980年代半ばには、アメリカにおける現地で流通を担当する販売子会社の従業員が現地子会社総従業員に占める比率は、日本企業では46%に達し、2位のドイツ企業の16%を大きく引き離していました。それほどまでに、現地での顧客・ユーザーに対するサービスとサポート、販売組織と流通機能の強化と整備は、現地で成功するために大切であったのです。そして、このような投資が日本企業の海外市場進出をサポートし、日本からの輸出を促進したといえます。[†12]

日本企業が市場進出をサポートする目的で行なった流通サービスへの直接投資は、他国(イギリス、オランダ、カナダ、スイス、ドイツ、フランス)からの同様な直接投資よりもその輸出に対する比率が相対的に高く、日本企業の流通サービスへの直接投資が輸出を促進したという因果関係も実証されています。[†13]

つまり、製品の質とコストはもちろん重要なのだけれども、**「最後のワンマイル」**を走

†12 | Hideki Yamawaki, 2007, op.cit.の第5章を参照。

†13 | Hideki Yamawaki, 2007, op.cit.の第5章を参照。

り抜くには、顧客・ユーザーの心をつかんで、購買決定の瞬間をつくることが必要なのです。

この点は、何も製造業だけのことではありません。

たとえば、アメリカの大学、あるいはビジネススクールでは、新年度に入学するために前年の11月から12月に願書を申請した志願者に、翌年の1月から4月にかけて合格通知を送ります。ところが、合格通知を受け取った志願者全員が9月の新学期に入学してくるわけでは決してありません。

志願者の大多数が複数の大学に併願しているので、合格通知を送った後に、その志願者が入学金のデポジットを大学の口座に振り込むまでの「最後のワンマイル」が、最終的な新入生の人数とプロファイルを決める重要なゴール前のつばぜり合いとなります。奨学金の額の競争から始まり、教授からの勧誘電話とメール、アドミッションズ・オフィスと在校生からの勧誘、大学のロゴのついたマーチャンダイズの販売と、まさに、客引き並みの販売戦略が展開されることになります。

また、ＩＴ企業にとっても、同じような状況があるようです。日本発の業務改善プラットフォームのキントーン（Kintone）は、企業内で散在するエクセルファイルなどのばらばらの情報を集約・共有するためのクラウドサービスです。2014年にアメリカ市場に参入し、現在では、アップル、NASA、マクドナルド、ボルボ・トラック、JALといった大手ユーザーをはじめとして、着実に顧客数を伸ばしています。

2020年の11月にヴァイスプレジデントの田邉雄氏に話をうかがったところ、やはりこの「最後のワンマイル」をどのように駆け抜けてユーザーを獲得するのかが、最後には勝負を決めるという話になりました。マイクロソフトの確固たるエクセルのユーザーベースを切り崩すためには、IT産業であっても、最後は泥臭い仕事をしてユーザーを開拓していかなければならないと、田邉氏は教えてくれました。†14

†14 | Kintone Corporation ヴァイスプレジデントの田邉雄氏との2020年11月の会話に依拠しています。

おわりに

筆者が読者の方々にお話ししたかったのは、顧客の希望・欲求を知るには、彼らを観察し、理解することが何よりも大切、そして、**年齢、階層、職業、人種等による従来の顧客の特性を見る軸を、希望と欲求に基づく新しい軸に変え、「見えざる顧客」と「見えていない顧客」を発見しなくてはならない**、ということです。

日本であろうが、海外であろうが、新しい顧客を発掘するためには、この新しい視点が大切です。自社の製品・サービスに意味・世界観を見出す、あるいは付与することに加えて、新しい顧客を創造することが、多様になってきた自国市場・世界市場へのアプローチとして必要と考えています。

もちろん、最先端の技術を開発することは必須なのですが、技術だけではなく、その製品・サービスが顧客にとってどのような意味をもつのか、あるいはどのような世界を創り出しているのかをわかりやすく示し、語ることが重要となります。さらには、その市場の顧客の視点に立った仮定とビジネスの理論を忘れてはならない、そして、仮定の検証を絶え間なく行なう必要があるということも強調したかった点です。

本書の第1章から第7章では、デザイン思考の方法を参照し、顧客の「したいこと」と「のぞむこと」、欲求と希望を南カリフォルニアに住む実在のペルソナから推論しました。気づかれた方も多いのではないかと思いますが、本書ではデザイン思考の方法を使ってはいるのですが、それを教科書通りにきっちりと適応しているわけではありません。むしろ、デザイン思考の精神をもとに、この本独自の方法を採用していると考えていただいたほうが良いかと思います。このようにデザイン思考を〝ゆるく〟適応した理由は、既存企業にデザイン思考を導入する際に課題となる適応可能性を考慮したためです。

要は、柔軟に、ノンリニアーに、構造を変えるようなアイデアをつくることが重要なのであって、その目的を達成するためには、特定の方法論にこだわる必要はまったくないと考えます。

本書では、主に、製品・サービスを購入する顧客が住む国と日本の間にある「違い」にも焦点を当ててきました。現実には、顧客の住む国は、海外のある一国には限らず、複数あるいは多数の国となります。そうしますと、複数の国あるいは、その地域の顧客の行動・嗜好・ニーズ・欲求・希望を知り、理解することが必要になるのは自明です。エンドユーザーの国だけではなく、サプライヤーのいる国、パートナーのいる国、関連・支援企業のいる国、そして、競争相手のいる国の優位性・競争条件を理解することも、もちろん重要となります。

本書では、新しい体験・経験から「人」を知り、理解し、それが日本から世界に進出する、あるいは新しい市場をつくる際の見解と仮定の骨格になると述べました。このような図式化、明示化できない知識がマネジメントでは重要となる点については、一橋大学名誉教授の野中郁次郎氏が提唱される「暗黙知」を思い浮かべる方も多いかと思います。[†1]

本書の文脈からいえば、長年にわたり海外の顧客を理解し、その市場で経験を積み、そして学んだ企業では、海外に関する知識が「暗黙知」として企業内に蓄積され、それが海外でのビジネスにとって計り知れない優位性をもたらすと考えます。

1977年に羽田空港から飛びジョン・F・ケネディ（JFK）空港に着いたのが、筆者の海外滞在のはじまりになりましたが、その後ヨーロッパに移動し、そこで暮らした時

†1 | Ikujiro Nonaka and Hirotaka Takeuchi, *The Knowledge-Creating Company*, New York: Oxford University Press, 1995. この本の日本語版である『知識創造企業』（野中郁次郎・竹内弘高、梅本勝博訳、東洋経済新報社、1996年）では、「暗黙知」と訳出されている。

代には、多くの友人に巡り会うことができました。多様な背景をもつ人々の課題、欲求、希望を理解することが、市場創造のはじめの一歩になると気づいたのは、自分とは違うさまざまな分野で仕事をしている人々に出会い、長い時間話をする機会をもつことができたからです。

国境を隔てた社会・文化・慣習・しきたり・考え方・世界観の違い、そして「人」を理解することの重要性を教えてくれた、ジェシー・アレクサンダー（サンタ・バーバラ）、ルカ・バルバリート（ミラノ）、トーマス・ベルトリング（ロサンゼルス）、フェデリコ・ベルトーニ（ブレシアア）、故ホルスト・アントフ（フランクフルト）、マーティン・クリフ（ノリッジ）、ウェンディ・ライ（香港）、ギゼラ・シェフェル（ベルリン）、ブリッタ・シェフェル（ナウムブルク）、レオ・スルーワーゲン（ルーヴェン）、シャロン・スプーナー（ブリュッセル）の各氏には深く感謝します。

本書では、13人のペルソナを含めた18名の南カリフォルニアに住む人たちとの会話とインタビューから得た物語が重要な軸となっています。この18名の方々に深く感謝いたします。またこのグループとは別に、トレンド、ブランド、アプリ、関心事についての話を聞いた8名のアメリカの高校生（公立校4名、私立校4名）にも感謝します。彼らZ世代（1990年代半ばから2000年代前半までに生まれたGenZ）の話からは大きな学びがありました。

カリフォルニア大学バークレー校・一橋大学名誉教授の野中郁次郎氏は、ピーター・F・ドラッカー経営大学院のDistinguished Drucker Fellowとして2006年から2013年の間ご尽力いただいただけでなく、ハーバード・ビジネススクールの竹内弘高教授（当時一橋大学大学院国際企業戦略研究科 研究科長）とともに「ナレッジ・フォーラム」を数年にわたりクレアモントで開催していただきました。その際に、「知識創造型企業」、そして「暗黙知」の重要性についてうかがう機会を幾度となくいただきました。あらためて、両氏には深く感謝いたす次第です。

2015年からドラッカースクールで日本担当のディレクターとしてご尽力いただいた、元ヤマト運輸取締役社長・米国ヤマト運輸取締役社長の小倉康嗣氏とは、5年の間、日本の企業組織、日米の社会と人間関係の違い等のさまざまな題材について会話をもつことができました。ここにあらためて感謝いたします。

日本発のスタートアップであるキントーン（Kintone Corporation）のヴァイスプレジデントで、元日経アメリカ社（Nikkei America）の田邉雄氏とは、シリコンバレーにおける日本発のクラウドサービスとアプリの状況について教えていただき、感謝しております。

本書をここまで読んでいただいた方の中には、なんか自動車の例が多かったね、と感想を述べられる方も多いかと思います。筆者の住んでいる南カリフォルニアは、エンターテインメント産業の集積地であるだけでなく、世界の自動車文化の一大拠点なので、このバイアスを生んだのかもしれません。

ご存じのように、ロサンゼルスとその周辺の地域は多様性の進んだ近未来的な社会でありますが、公共交通システムの不備・不便さもあって、自動車がないとどこにも行けないといってもいいすぎではありません。そのため、自動車のユーザーの多種多様な好み・行動・希望・ニーズ・トレンドをつかむには最適な場所と考えられ、デトロイトに本社を置くアメリカの企業も含め、世界の自動車企業のデザイン・R&Dセンターの集積地となっています。パサデナにあるアートセンターのトランスポーテーションデザイン学科の卒業生も、長年にわたり、この集積に大きな貢献をしています。

このような背景があるので、西ロサンゼルスでよく使われる言葉に、“You are what you drive.”というのがあります。訳すると、「乗っている車を見ればその人がわかる」となるでしょうか。

ロサンゼルスを訪れた方は経験されたことがおありかと思いますが、オフィスビルの地下駐車場、レストラン、デパートの入り口、ホテルの入り口といたるところで、バレーパーキングが使われています。たとえば、レストランに到着して、駐車場の受付で車から降りて鍵を渡すと、バレー（お手伝いさんを意味する）が車を運転して駐車する、そして、食事が終わって帰るときには、バレーに車をとってきてもらうというシステムです。車を受け取る際に、たくさんのお客さんが集まって待っている場合には、大勢の目の前で、どの車に誰が乗っているという関係が一目瞭然となります。

そうしますと、なんだ、あの人あんな小さいフィアットに乗っているのか、みたいな話になってしまうのです。別にフィアットがいけないわけではないのですが、ロサンゼルスのピラミッド型自動車ブランド階級社会では、どうしてもそうなってしまいます。車のオーナーも多分にこれを意識しているようで、自分の主義主張を表すために車のタイプとブランドを選ぶ人も少なくありません。

２０２０年11月のはじめのある日、交差点の赤信号でたまたま止まったときに、筆者の車の前にいたスバルのライセンスプレートの枠に〝LOL@YOUR V8（あなたのV8には笑っちゃうね）〟と書いてありました。このオーナーは、アメリカの「大きくてパワーがあるのは良いことだ」という信条を揶揄し、それとは別の世界観をもつ車を購入したことに誇りをもっているようでした。

本書で取り上げたスバル1000スポーツを発売当時に新車で乗っていたユーザーの視点からの話が聞きたくて、知人の田中正士氏に連絡したところ、やはり当時の日本車をよく知っている知人の山口正隆氏との間で4日間以上にわたるスバル論議がメールで繰り広げられました。両氏の情熱に感謝いたします。

さて、1977年6月に筆者をボストンのローガン空港で出迎えてくれた〝林さん〟こと林隆氏は、その後無事にボストンでMBAを取得し、日本IBMに就職されました。当時一緒に何回か行ったボストンのボイルストン大通りにあった日本料理屋さんの名前が、ショーガンだったか、源氏であったか、サムライであったのか覚えておらず、2020年の暮れに彼にメールを打ちました。林さんからは〝源氏〟に違いないとの返事をもらいましたが、トリップアドバイザーでボストンの和食レストランを検索したようで、「とにかく100軒以上が和食レストランとして出てくること自体、本当に驚きでしたし、この中に当時からあって馴染みのある店がひとつもないことに隔世の感を禁じえません」と書いてきました。当時ボストンにはせいぜい4軒から5軒ぐらいしか和食レストランはなかったのではないでしょうか。日本の食材店はMITの近くにひなびた店が1軒ありました。まさに、日本のブランドが物から食へ、「ハード」から「ソフト」へ進化しつつあるようです。

図表13｜Yuppie

出所：Marissa Piesman and Marilee Hartley, *The Yuppie Handbook: The State-of-the Art Manual for Young Urban Professionals*, New York: Pocket Books, 1984.

隔世の感といえば、第3章の「移り変わるMBA」の節と第6章「BMWと〝Yuppie〟」、そして第9章でブルックスブラザーズとL．L．ビーンの話をした際に、1980年代のヤッピー文化について触れました。その当時の東海岸の大都市で働くMBA、あるいはJD（法務博士）に代表されるプロフェッショナルたちの格好と持ち物をおかしく描いたのが、**図表13**に紹介する本の表紙です。

この2人のヤッピーが身につけている、持っているブランドと品物にご注目ください。当時を知っている読者の方は、ニヤリとされるのではないでしょうか。そして、この表紙を第7章で紹介した「アメリカンガール」の写真（図表10）と比べてみると、まさに時代の変遷を感じます。

東洋経済新報社出版局の黒坂浩一氏には前著の出版に際して、コロナ第1波の真っ最中2020年2月から4月に大変にお世話になりました。ここにあらためて深く感謝する次第です。それ以前の編集段階で、彼から「デザイン思考って、結局、モヤモヤしてよくわからないものなんですね」というコメントをもらいました。

そういわれてみるとその通りで、デザイン思考はどうも（少なくとも筆者にとっては）文章で表しにくいのです。そこで、なんとかそのモヤモヤを晴らそうとも思い、実在の人々の物語から、顧客の「したいこと」と「のぞむこと」を探ってみたのがこの本です。本書の編集でも、黒坂さんからまた多くの示唆と気づきをもらいました。ここにあらためて感謝いたします。

山脇　秀樹

2021年3月　クレアモントにて

【著者紹介】
山脇秀樹（やまわき　ひでき）
慶應義塾大学経済学部卒業、同大学大学院経済学修士課程修了。1982年にハーバード大学経済学博士号取得（Ph.D.）。1982年より旧西ドイツ国立ベルリン社会科学研究所上級研究員、1990年よりベルギーのルーヴァン大学経済学部教授。1995年よりカリフォルニア大学ロサンゼルス校（UCLA）アンダーソン・マネジメントスクール客員教授を併任し、2000年よりカリフォルニア州クレアモントにあるピーター・F・ドラッカー経営大学院教授。2006年度より同校副学長、2009～2012年度に学長を務める。欧米のビジネススクールにおける初の日本人学長。著書に『戦略の創造学――ドラッカーで気づき デザイン思考で創造し ポーターで戦略を実行する』（東洋経済新報社）がある。

新しい顧客のつくりかた
見えない消費者をあなたのお客さまに変える戦略

2021年5月27日発行

著　者――山脇秀樹
発行者――駒橋憲一
発行所――東洋経済新報社
〒103-8345　東京都中央区日本橋本石町 1-2-1
電話＝東洋経済コールセンター　03(6386)1040
https://toyokeizai.net/

ブックデザイン……遠藤陽一（ワークショップジン）
D T P……………アイランドコレクション
印　刷……………ベクトル印刷
製　本……………ナショナル製本
編集担当…………黒坂浩一

Printed in Japan　ISBN 978-4-492-52234-9